Deutsch als Fremdsprache für Jugendliche

Intensivtrainer A2

von
Lutz Rohrmann

in Zusammenarbeit mit
Michael Koenig

Klett-Langenscheidt
München

Von
Lutz Rohrmann
in Zusammenarbeit mit Michael Koenig
Illustrationen: Theo Scherling und Stephen Bennett (Die Clique)
Umschlaggestaltung: Andrea Pfeifer unter Verwendung eines Fotos von Corbis, Düsseldorf

Deutsch als Fremdsprache für Jugendliche

A2 Materialien

Kursbuch A2	606244
CD zum Kursbuch	606247
Arbeitsbuch A2	606245
CD zum Arbeitsbuch	606248
Lehrerhandbuch A2	606246
Lernglossar Deutsch-Englisch	606252
Lernglossar Deutsch-Französisch	606253
Lernglossar Deutsch-Italienisch	606254
Lernglossar Deutsch-Spanisch	606255
Testheft A2	606250
Intensivtrainer A2	606251

Symbole

 Hier soll ins Heft geschrieben werden.

 ↓ Hier gibt es Hilfe. Versuche die Aufgabe aber erst ohne die Hilfe.

 Die folgenden Aufgaben kann man nach Aufgabe 2 im Kursbuch bearbeiten.

Besuchen Sie auch unsere Homepage www.klett-langenscheidt.de/genial

1. Auflage 1⁶ ⁵ ⁴ ³ ² | 2017 16 15 14 13

© Klett-Langenscheidt GmbH, München, 2013
Erstausgabe erschienen 2004 bei der Langenscheidt KG, München
Das Werk und seine Teile sind urheberrechtlich geschützt. Jede Verwendung in anderen als den gesetzlich zugelassenen Fällen bedarf der vorherigen schriftlichen Einwilligung des Verlags.

Gesamtherstellung: Print Consult GmbH, München

ISBN 978-3-12-606251-0

Inhalt

Einheit 1 4

Einheit 2 10

Einheit 3 16

Einheit 4 22

Einheit 5 28

Einheit 6 30

Einheit 7 36

Einheit 8 42

Einheit 9 48

Einheit 10 54

Einheit 11 56

Einheit 12 62

Einheit 13 68

Einheit 14 74

Einheit 15 80

Lösungen 82

Quellen 94

Einheit 1

3

1 Freundschaft – Ergänze die Texte a–d.

alles – erzählt – gehen – heißt – helfen – ihm – ihr – intelligent – kann – liebsten – machen – mir – sieht – sind – unterhalten – verlassen – vertraue

a) Der beste Freund für Nina ist Mister Allister.

Sie __sieht__ ihn jeden Tag.

Sie gibt _____ Futter, sie

_____ ihm alles und er

hört _____ immer zu. Sie lieben

beide die Natur.

b) „Mein bester Freund _____

Rudi. Er ist lustig, ehrlich und

sehr _____. Ich _____

ihm alles erzählen. Er hilft _____

immer. Wir _____ Sport zusammen

und wir _____ uns bei den

Hausaufgaben. Wir haben viel Spaß."

c) Frank, Kolja und Dirk sind „dicke Freunde".

Sie machen _____ zusammen.

Frank sagt: „Auf Kolja und Dirk kann ich mich

immer _____. Ich _____

ihnen 100 Prozent! Nächstes Jahr machen wir

eine Radtour nach Polen."

d) Die beste Freundin von Vera ist Nilgün.

Leider _____ sie nicht in dieselbe

Klasse, aber in der Freizeit _____

sie immer zusammen. Am _____

_____ sie sich über das Thema „Jungen".

4

2 Adjektive aus geni@l

a Was passt zusammen? Es sind mehr als 20 Gegensatzpaare möglich. Einige Adjektive bleiben übrig.

alt – billig – blöd – dumm – falsch – fantastisch – feige – freundlich – früh – gesund – glücklich – groß – gut – intelligent – interessant – klein – krank – kurz – lang – langsam – langweilig – laut – leer – leicht – leise – mutig – neu – praktisch – pünktlich – richtig – sauer – schlecht – schnell – schrecklich – schwach – schwarz – schwer – spät – stark – süß – teuer – toll – unfreundlich – unglücklich – unmöglich – unpraktisch – unpünktlich – unwichtig – voll – weiß – wichtig – zufrieden

b Ergänze die Sätze mit den passenden Adjektiven aus 2a.

1. Mach bitte das Radio l_____, es ist mir zu l_____.
2. Ich finde Mathe i_____, aber Erdkunde finde ich l_____.
3. Mein Fahrrad ist a_____, aber es war auch b_____, nur 10 Euro.
4. Die Feier beginnt um 16 Uhr. Bitte kommt p_____. Wir wollen ins Kino gehen.
5. Ich war gestern k_____. Ich hatte Fieber. Aber jetzt bin ich wieder g_____.
6. „28 durch 7 ist 4." Ist das r_____ oder f_____?
7. Mein Freund ist s_____. Er kann 70 Kilo hochheben.
8. Peters T-Shirt ist s_____ und seine Hose w_____. Er mag einfarbige Sachen.

8

3 Komplimente / Vorschläge / gute Wünsche – Was passt zusammen? Ordne zu.

1. Dein T-Shirt gefällt mir. [e]
2. Ist der Füller neu? [　]
3. Eine Fünf in Mathe. [　]
4. Viel Glück beim Deutschtest. [　]
5. Dein Pullover ist toll. [　]
6. Kommst du mit ins Kino? [　]
7. Du hast doch heute Geburtstag? [　]

a) Alles Gute!!
b) Du schaffst das bestimmt.
c) Grün steht dir gut.
d) Ich habe noch eine Karte.
e) War das teuer?
f) Der schreibt bestimmt schön.
g) Das ist ja schrecklich.

12

4 Personalpronomen im Nominativ, Akkusativ oder Dativ
a Ergänze die Tabelle.

Nominativ	ich	du	er	es			ihr	sie/Sie
Akkusativ		dich	ihn		sie	uns		sie/Sie
Dativ	mir			ihm			euch	

b Personalpronomen – Markiere das passende Wort.

1. Ich habe einen Freund. Er hilft mich/ mir /meiner immer.
2. Meine Freundin schreibt nur Einsen in der Schule. Lernen fällt ihr/ihm/es total leicht.
3. Ich habe einen Kanarienvogel. Ich spiele jeden Tag mit es/euch/ihm.
4. Was schenken dir/dich/du deine Eltern zum Geburtstag?
5. ● He, ihr! Gehört der Hund uns/euch/Ihnen?
   ○ Ja, er gehört euch/ihm/uns. Wieso?
   ● Er macht mir/dir/ihm meine Hose kaputt.
   ○ Nein, nein, der tut Ihnen/dich/Sie nichts, der ist ganz lieb, nur etwas wild.

14

5 Auf dem Schulhof – Ergänze die Wörter.

ihr – mir – dass – dass – dass – Hausaufgaben – Streber – Wochen – findet – komisch – ziemlich

Peter: Wie _____ ihr den Neuen?

Chris: Julian? Der ist ein bisschen ___komisch___.

Peter: Ich finde auch, _____ er nicht zu uns passt.

Chris: Findet _____ nicht auch, _____ er ziemlich arrogant ist?

Peter: Aber total! Zu _____ sagt er immer, dass seine alte Schule viel besser war.

Benny: Aber er ist _____ gut in der Schule.

Peter: Na und? Er ist halt ein _____! Das merkt man doch gleich.

Benny: Na ja, gebt ihm eine Chance! Er ist ja erst zwei _____ hier.

Chris: Also gut finde ich, _____ er manchmal bei den _____ hilft.

Peter: Sieh an, sieh an! Das findet unser Chris natürlich gut, aber sonst …

Chris: Oh, Peter, du bist so blöd, du weißt gar nicht, wie blöd du bist!!

6 Informationen weitergeben – Was passt zusammen? Lies Aufgabe 5 noch einmal und schreibe die Sätze.

1. Peter fragt, wie
2. Chris sagt, dass er Julian
3. Peter glaubt, dass
4. Benny findet aber, dass
5. Chris findet gut, dass
6. Peter meint, dass
7. Chris sagt zu Peter, dass

a) er ein Streber ist.
b) komisch findet.
c) Julian anderen hilft.
d) er blöd ist.
e) Chris Julian nur für die Hausaufgaben braucht.
f) man Julian eine Chance geben muss.
g) die anderen Julian finden.

1g *Peter fragt, wie die anderen Julian finden.*

7 Schreibe die Sätze und markiere die Verben im *dass*-Satz.

1. Benny sagt: Ich mag Anna. — *Benny sagt, dass er Anna (mag).*
2. Sandra meint: Anna ist blöd.
3. Julian sagt: Ich bin kein Streber.
4. Anna findet: Sandra ist arrogant.
5. Benny glaubt: Julian ist eigentlich ganz o.k.
6. Olli erzählt: Ich trage Zeitungen aus.
7. Herr Schmidt findet: Die Klasse ist gut in Mathe.
8. Turbo meint: Klassische Musik ist total interessant.
9. Viele Schüler glauben: Wir haben zu wenig Geld.
10. Viele Eltern meinen: Die Kinder haben zu viel Geld.

8 Deine Meinung über die Schule. Schreibe drei Sätze. Vergleiche in der Klasse.

Ich finde, dass …   Ich meine, dass …   Ich glaube, dass …

1 Wortschatz-Hitparade

Nomen

Pluralform / Deine Sprache

die Freundschaft -en / _____
____ Frisör _____
____ Frisörin _____
____ Frisur _____
____ Futter _____
____ Gespräch _____
____ Kompliment _____
____ Meinung _____

____ Mensch _____
____ Natur _____
____ Prozent _____
____ Radtour _____
____ Szene _____
____ T-Shirt _____
____ Wunsch _____

Verben

ausprobieren _____
beobachten _____
beschreiben _____
bitten _____
funktionieren _____
gehören _____

stehen _____
vergleichen _____
verlassen _____
vertrauen _____
vorspielen _____
wiederkommen _____

Adjektive

arrogant _____
böse _____
dick _____
dumm _____
ehrlich _____
feige _____
hilfsbereit _____

mutig _____
nett _____
schwach _____
sportlich _____
traurig _____
treu _____
zuverlässig _____

Andere Wörter und Ausdrücke

genug _____
nächst- _____
niemand _____
selbst _____

sogar _____
überall _____
unbedingt _____
ziemlich _____

9 Adjektive – Welche Adjektive von Seite 8 passen?

1. Jara ist sehr _____. Sie spielt in unserer Volleyballmannschaft.
2. Über Probleme will Rolf nie sprechen. Da ist er richtig _____.
3. Saskia weiß immer alles besser. Ich finde sie total _____.
4. Dabei weiß sie meistens gar nichts und versteht auch nichts. Sie ist _____.
5. Stimmt das, was du sagst? Bist du auch wirklich _____?
6. Herr Schmidt ist _____ mit uns, weil wir alle die Hausaufgaben nicht haben.
7. Ich finde Julian sehr _____. Er erklärt mir immer die Matheaufgaben.

10 Zu welchen Nomen von Seite 8 passen die Erklärungen?

1. Ein Pferd braucht das jeden Tag. Bei Menschen nennt man es „Essen": _____
2. Sie macht die Haare schön: _____
3. Jemandem etwas Schönes, Positives sagen: ein _____ machen
4. Ein Pferd ist ein Tier und du bist ein: _____

11 Wichtige Sätze und Ausdrücke – Schreibe in deiner Sprache.

Auf dich kann ich mich immer verlassen.	_____
Ich finde dich sehr mutig.	_____
Rudi ist mein bester Freund.	_____
Ich glaube, dass Freundschaft sehr wichtig ist.	_____
Mir gefällt dein neuer Pullover.	_____
Chris meint, dass Julian arrogant ist.	_____

12 Wichtige Wörter und Sätze für *mich*.

Meine Sprache: Deutsch:

Einheit 2

5

1 Die Reise nach Wien – Ergänze die Sätze. Die „Wörter" findest du links.

TEIENBFESRHR	Viele Schüler haben Ende September oder im Oktober eine Woche frei. Das sind die **Herbstferien**.
LIEZ	Wir machen eine Gruppenreise. Unser _____ ist Wien.
TENPSEKPRO	Wir informieren uns mit _____ und mit dem Internet.
HUAEGCTB	Sabrina schreibt ein _____.
CKLÜITHNP	Alle waren _____ um elf Uhr am Bahnhof.
WEULNISPARSAEOS	Hast du deinen _____, Stefan? Ohne ihn kannst du nicht nach Wien fahren.
OFRKFE	Mein _____ ist sauschwer. Fast 20 Kilo.
FHTUAGZR	Die _____ nach Wien war super. Eine lange Party!
HGIATCTAMNS	Vormittags gehen wir ins Museum und _____ haben wir frei.

CERKÜB	Die _____ führt über die Donau.
CUEHHS	Mist, meine _____ sind nass und meine Strümpfe auch.
AGMRRPOM	Im _____ steht, dass wir morgen zum Prater gehen.
RABAHFT	Die _____ ist um 23 Uhr 35.
NFUTAKN	Die _____ in Wien ist um 9 Uhr morgens.
DTAPTNASL	Ich weiß nicht mehr, wo wir sind. Ich muss im _____ nachsehen.
EICHKR	Der Stefansdom ist eine große _____.
NVIRÄEUTIST	Nach der Schule will ich an der _____ studieren.
ALTSETHELEL	Entschuldigung, können Sie mir sagen, wo die nächste _____ vom Bus ist?

2 Orientierung in der Stadt – Ergänze den Dialog

- Entschuldigung, können Sie mir _____? Wie _____ ich zum Bahnhof?
- Du gehst am besten hier _____ die Brücke und gleich rechts in _____ Blumenstraße. Dann bis _____ Bismarckplatz. Dann gehst du immer _____, am Rathaus vorbei und _____ den Waldpark. Dann siehst du den Bahnhof.
- Danke, also zuerst _____ die Brücke und dann links …
- Nein, die erste _____, dann geradeaus am Rathaus _____ …
- Vielen Dank!

die – durch – geradeaus – helfen – komme – rechts – sumne – über – über – vorbei – zum

3 Ordne die Ausdrücke den Zeichnungen zu.

1. geradeaus 2. an der Ampel vorbei 3. links und dann gleich rechts 4. die Straße entlang
5. über die Kreuzung 6. durch den Park

[a][ ]   [b][ ]   [c][ ]   [d][ ]   [e][ ]   [f][ ]

4 Ergänze die Sätze.

1. Gehen Sie ___über___ die Brücke und dann gleich links.
2. Ich gehe _____ Bahnhof. Ich muss Jutta abholen.
3. Wie komme ich _____ Haltestelle?
4. Geh am Rathaus _____ bis zum Berliner Platz.
5. Geh geradeaus _____ den Berliner Platz und dann _____ den Ebertpark.
6. Gehen Sie am besten hier _____ die Kreuzung und dann gleich rechts in die Alpgasse.
7. Ich bin jetzt i_____ Luisenpark beim Spielplatz und warte hier auf dich.
8. Hallo, Erika? Ja, Erika, wir sind schon a_____ Bahnhof. Kannst du uns abholen?

zur – zum – vorbei – über – über – im – durch – am

5 Wohin + Akkusativ

a Schreibe die Sätze.

1. in / der Prater — Gehst du morgen mit __in den Prater__?
2. an / der Rhein — Wir fahren morgen _____.
3. an / das Meer — Im Urlaub fahre ich _____.
4. durch / der Wald — Abends joggt mein Vater _____.
5. in / das Kino — Kommst du mit _____?
6. durch / der Park — Gehen Sie hier _____.

b Präpositionen mit Dativ. Ergänze den Tipp und die Sätze.

⚠ _____ und _____ _____ immer mit Dativ.

1. Ich gehe um 14 Uhr z_____ Bahnhof.
2. Gehen Sie a____ d____ Kirche v_____ und dann rechts.

6 Wo + Dativ, wohin + Akkusativ

a Schreibe die Verben zu den Bildern.

1. _____ 2. _____ 3. _____ 4. _____ 5. _____ 6. _____ sein

b Ergänze die Sätze mit den passenden Verben.

1. Henry _____ an der Haltestelle und wartet auf den Bus. Aber der Bus kommt nicht.
2. Henry _____ jeden Tag zwei Stunden durch den Wald. Er sagt, dass das gesund ist.
3. Henry _____ am Samstagabend gerne vor dem Fernseher und sieht die Sportschau.
4. Am Sonntag _____ er immer auf dem Fußballplatz. Er ist Fußballfan.
5. Henry will im Herbst mit dem Fahrrad ans Meer _____. Er braucht dazu drei Tage.
6. Am Samstag _____ Henry immer in den Supermarkt zum Einkaufen.

14

7 Ein Besuch in Heidelberg – Ergänze die Verben in der richtigen Form.

aussehen – fahren – fahren – gehen – geben – ankommen – brauchen – liegen – machen – sehen – sein – sitzen

Liebe Kim,

ich s_____ in einem Internetcafé in Heidelberg. Unsere Fahrradtour ist super. Wir sind gestern in Heidelberg a_____. Die Stadt ist über 800 Jahre alt und wunderschön. Wir haben von Freiburg nach Heidelberg 12 Stunden g_____ und w_____ erst um 9 Uhr in der Jugendherberge. Heidelberg l_____ am Neckar. Der Fluss, die Altstadt und das Schloss, das s_____ alles total romantisch a_____. Heute sind wir in der Altstadt spazieren g_____. Dort g_____ es viele Kneipen und Restaurants und man s_____ auch das Schloss von unten (s. Foto). Wir sind dann mit der Bergbahn zum Schloss hoch g_____. Toll! Vielleicht m_____ wir morgen noch eine Fahrt auf dem Neckar. Übermorgen f_____ wir dann weiter durch das Neckartal nach Bad Wimpfen.

16

8 Tagebuch – Bei jedem zweiten Wort fehlt etwa die Hälfte. Ergänze den Text.

27. September

Ein super Tag war das heute. Zehn Stu_____ in Wien. Vier Stu_____ Stadtrundfahrt. D___ Wetter w___ fantastisch. W___ haben je_____ tausend Wi___-Fotos: v___ der Staatso_____, hinter d___ Oper, ne_____ dem Stephansdom, auf d___ Stephansdom, v___ dem Burgtheater, i_ Burgtheater und so wei_____ ... Abends um se_____ waren al___ am Rat_____. Wir wa_____ fix u___ fertig – u___ sauer. Mareike war ni_____ da. Typ_____! Sie i___ immer zu sp___. Wir ha_____ dann e___ Foto gem_____: Stefan und ich zusammen ...

Wortschatz-Hitparade

Nomen

Pluralform / Deine Sprache

die Abfahrt -en / _____
____ Altstadt ¨-e _____
____ Ankunft _____
____ Besuch _____
____ Brücke _____
____ Dom _____
____ Dorf _____
____ Fahrt _____
____ Fluss _____
____ Haltestelle _____
____ Herbstferien _____
____ Jugendherberge _____

____ Kirche _____
____ Kreuzung _____
____ Meer _____
____ Moment _____
____ Orientierung _____
____ Personalausweis _____
____ Plan _____
____ Platz _____
____ Programm _____
____ Skizze _____
____ Stadtplan _____
____ Ziel _____

Verben

ansehen _____
besuchen _____
dauern _____
diskutieren _____
(sich) erinnern _____
hineingehen _____

informieren _____
vorbeigehen _____
weitergehen _____
zurückfahren _____
zurückgehen _____

Adjektive

nah _____   pünktlich _____   schnell _____

Andere Wörter und Ausdrücke

abends _____   die meisten von uns _____   sehr _____
fix und fertig _____   nach _____   unten _____
gleich _____   nachmittags _____   zwischen _____

9 Eine Stadt – Schreibe die passenden Nomen von Seite 14 in das Bild.

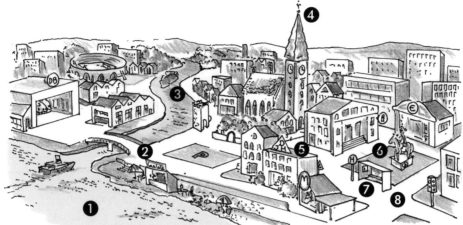

10 Wie heißt das Gegenteil?

hinausgehen ←→ _____   hinfahren ←→ _____

stehen bleiben ←→ _____   vergessen ←→ _____

11 Wichtige Sätze und Ausdrücke – Schreibe in deiner Sprache.

Entschuldigung, können Sie mir helfen? _____

Entschuldigung, wie komme ich zur Altstadt? _____

Gehen Sie / Geh am Dom vorbei und dann rechts. _____

Über die Kreuzung und an der zweiten Ampel links. _____

Das Rathaus ist am Marktplatz. _____

Die Haltestelle ist da vorne an der Kreuzung. _____

Gestern waren wir im Zentrum und heute im Schloss. _____

12 Wichtige Wörter und Sätze für *mich*.

Meine Sprache: Deutsch:

Einheit 3

4

1 Mareikes Postkarte – Ergänze den Text.

L_____ Mutti, _____er Vati,

das ist eine super Reise! G_____ haben wir den Stephansdom gesehen und wir w_____ im Stadtzentrum unterwegs. Jetzt sind wir im Prater. Vom Riesenrad hat man einen super B_____ auf Wien. Ich bin viel mit Stefan zusammen. Morgen w_____ wir noch auf einen Flohmarkt gehen und dann f_____ wir schon wieder nach Hause. Vielleicht bin ich ja vor der Postkarte da.

Liebe G_____

Mareike

Familie Wenkums
Kaakweg 28
37077 Göttingen

DEUTSCHLAND

Blick • fahren • gestern • Grüße • Liebe • lieb • waren • wollen

2 Sabrinas Tagebuch – Ergänze die Wörter.

Am Vormittag waren wir in der Hofburg. Das h__ __ zwei Stu__ __ __ __ gedauert. Da__ __ haben w__ __ einen Bummel durch d__ __ Stadt gem__ __ __ __ __. Es h__ __ geregnet, ab__ __ es w__ __ besser a__ __ die Hofburg. Wir ha__ __ __ viel Sp__ __ gehabt u__ __ ein biss__ __ __ __ __ eingekauft. Spä__ __ __ haben w__ __ im Foto__ __ __ __ __ die Fo__ __ __ abgeholt u__ __ uns in e__ __ Café ges__ __ __. Mareike h__ __ sich d__ __ Fotos anges__ __ __ __ __. Stefan und ich Arm in Arm …

6

3 Mareike ist sauer – Schreibe die *dass*-Sätze.

1. Mareike: „Sabrina und Stefan sind blöd!"
   Sie findet, dass ___Sabrina und Stefan_____.

2. Sabrina: „Wir haben auf dich gewartet."
   Sabrina sagt, dass ___sie_____ Mareike_____.
   gewartet haben / auf Mareike / sie und Stefan

3. Mareike: „Sabrina und Stefan wollen zusammen sein."
   Mareike weiß, dass_____wollen.

4. Mareike: „Ich möchte, dass Stefan mich mag und nicht Sabrina."
   Mareike möchte, dass _____.

8

4 Partizip – Ergänze die Verbformen

abholen	ab ge holt	notieren	notier_____
anschauen	an_____schau_____	ordnen	_____ordne_____
fotografieren	fotografier_____	planen	_____plan_____
haben	_____hab_____	sammeln	_____sammel_____
hören	_____hör_____	suchen	_____such_____
machen	_____mach_____		

5 Erinnerst du dich an die Lerntipps? Ergänze sie.

R_____ Verben tun nicht weh, vorne ___- und hinten -___.

Bei Verben auf -_____ kann nichts passieren, ohne *ge-* und hinten -___.

6 Perfekt mit *haben* – Ergänze die Sätze.

1. Gestern ◯_____◯ wir eine Party ◯_____◯. (machen)
2. Stefan und Sabrina ◯_____◯ auf Mareike ◯_____◯. (warten)
3. Stefan und Sabrina ◯_____◯ ◯_____◯. (fotografieren)
4. ◯_____◯ ihr schon die Reise im Sommer ◯_____◯? (planen)
5. Herr Schmidt ◯_____◯ Mathematik ◯_____◯. (studieren)
6. Corinna sagt, dass sie früher gern mit Puppen ◯_____◯ ◯_____◯. (spielen)
7. Mein Vater sagt, dass er früher Briefmarken ◯_____◯ ◯_____◯. (sammeln)
8. Ich finde, dass wir zu wenig über das Problem ◯_____◯ ◯_____◯. (diskutieren)

7 Schreibe die Sätze im Perfekt.

1. Mein Vater studiert Mathematik. _____
2. Mein Bruder lernt Latein. _____
3. Hörst du „Eminem"? _____
4. Wir fotografieren im Urlaub. _____
5. Sie planen eine Reise nach Wien. _____
6. Ich arbeite samstags beim Bäcker. _____

13

8 Kreuzworträtsel

1. Hier hat die Gruppe in Wien gewohnt.
2. Fluss in Wien
3. Stefan findet seinen Ausweis in seinem …
4. In der Nebengasse in Wien gibt es einen …
5. Sabrina schreibt jeden Tag in ihr …
6. Hier hat Mareike einen Kaffee getrunken.
7. Café mit Milch auf Österreichisch.
8. Süddeutsch für Brötchen.
9. Der Stephansdom ist eine große …
10. Hier kann man sich im Hotel anmelden.

9 Fragen – Was passt zusammen? Schreibe die Fragen.

1. Wo ist
2. Warum hat sie
3. Hat sie die Zeit
4. Hat sie vergessen, dass
5. Hat sie ihre
6. Wer hat sie
7. Kriegen wir
8. Müssen wir
9. Wann kommen
10. Haben wir im Zug

a) den Zug noch?
b) einen Zug später fahren?
c) Plätze reserviert?
d) nicht angerufen?
e) Sachen mitgenommen?
f) wir zu Hause an?
g) wir heute nach Hause fahren?
h) zuletzt gesehen?
i) vergessen?
j) Mareike?

1 + j Wo ist Mareike?

16

10 Partizip der unregelmäßigen Verben – Mache eine Tabelle im Heft.

denken – nehmen – zurückbringen – anrufen – vergessen – singen – vorlesen – geben – ankommen – beginnen – schreiben – abschreiben – sprechen – aufstehen – laufen – bleiben – wissen – gehen – trinken – sitzen – erzählen – weglaufen – finden – bekommen – nachdenken – kommen – fliegen – helfen – wiederkommen – sein – bringen – mitbringen

ge…t	ge…en	…ge…t	…ge…en	ohne ge-
ged*a*ch*t*	g*e*nomm*en*	zur*ü*ckgebrach*t*	ang*e*ruf*en*	verg*e*ss*en*

18 achtzehn

11 Perfekt mit *haben* oder *sein*

a Markiere alle Verben mit *sein*-Perfekt in Aufgabe 10. Aufgabe 16 im Kursbuch und die Wortliste im Kursbuch helfen.

b Schreibe die Sätze.

1. Die Gruppe / nach Wien / fahren — Die Gruppe ist nach Wien gefahren.
2. Sabrina / eine Postkarte / schreiben _____
3. Mareike / einfach / weglaufen _____
4. Mareike / nicht / kommen _____
5. Wir / einen Kaffee / trinken _____
6. Stefan / nicht / nachdenken _____
7. Meine Eltern / nach Brasilien / fliegen — Meine Eltern sind _____
8. Sie / meine Tante / besuchen _____
9. Sie / gestern / zurückkommen _____
10. Was / sie / in Brasilien / sehen / ? _____
11. Sie / nicht viel / erzählen _____
12. Sie / bei meiner Tante in Rio / bleiben _____

12 Mareikes Schultag – Schreibe den Text.

1. Mareike … um halb sieben … (aufstehen)   2. Dann … mit ihren Eltern … (frühstücken)
3. Danach … Stefan … (anrufen)   4. Stefan … ihr die Deutschhausaufgaben … (diktieren)
5. Um Viertel vor sieben … Mareike mit dem Fahrrad in die Schule … (fahren)
6. Sie … sechs Stunden Unterricht … (haben)   7. Am Nachmittag … sie Stefan …(treffen)

Mareike ist um halb sieben aufge...

20

13 Das Ende der Wienreise – Ergänze den Text.

Im Jugendgästehaus hat Mareike Miguel und Jaime aus Spanien getroffen. Jaime h**a t** sie gef**r a g t**: „Wir fah___ zum Pra___, kommst du m___?" Mareike w___ begeistert. „I___ war sc___ da, i___ kann eu___ alles zei___", hat s___ gesagt. D___ Riesenrad u___ Jaime ha___ ihr ec___ gut gefa___. Sie h___ die Ze___ vergessen. Um se___ hat s___ einen B___ genommen, ab___ der i___ in d___ falsche Rich___ gefahren. Ku___ vor sie___ war s___ im Westb___ und h___ die Gru___ gesucht. Ab___ niemand w___ da. S___ hat im Jugen___ angerufen. Ste___ war am Tel___: „Gut, da___ nichts pass___ ist. Die Spanier sind gerade zurückgekommen und haben gesagt, dass du am Westbahnhof bist. Wir sind gleich da."

3

Wortschatz-Hitparade

Nomen

Pluralform / Deine Sprache

die Bank ¨-e / -en
___ Bewegung _____
___ Blick _____
___ Café _____
___ Flohmarkt _____
___ Ingenieur _____
___ Ingenieurin _____
___ Mist _____
___ Mittag _____

___ Möglichkeit _____
___ Polizei _____
___ Rathaus _____
___ Ruhe _____
___ Richtung _____
___ Spaziergang _____
___ Stichwort _____
___ Unterschrift _____
___ Vormittag _____

Verben

anschauen _____
duschen _____
frühstücken _____
gehen _____
halten _____
helfen _____
mitnehmen _____
nachdenken _____
packen _____
reservieren _____

sich setzen _____
studieren _____
telefonieren _____
umsteigen _____
verlieren _____
verpassen _____
verwenden _____
weggehen _____
wegnehmen _____
zurückkommen _____

Adjektive

echt _____ falsch _____ wirklich _____
klasse _____

Andere Wörter und Ausdrücke

bei _____ dass _____ wegen _____
danach _____ hoffentlich _____

14 Verben – Ergänze die Sätze mit Verben aus der Liste in der passenden Form.

1. In Wien musst du dir unbedingt den Stephansdom _____.
2. Morgens _____ ich immer nur wenig. Mittags habe ich dann richtig Hunger.
3. Der Bus _____ direkt an der Hofburg.
4. Mist, wir haben den Bus _____! Jetzt müssen wir laufen.
5. Können Sie uns _____? Wie kommen wir zum Kunsthistorischen Museum?
6. Fahrt mit der U-Bahn ins Zentrum. Dort könnt ihr in den Bus _____.
7. Ich möchte für morgen Karten im Burgtheater _____.
8. Hast du deinen Eltern schon eine Postkarte _____?
9. Ich bin so müde. Ich _____ jetzt erst mal in ein Café und ruhe mich aus.
10. Morgen früh müsst ihr zuerst eure Sachen _____. Wir müssen um 10 aus dem Jugendgästehaus raus.
11. Zuerst _____ ich, dann putze ich mir die Zähne und dann gehe ich frühstücken.

15 Wichtige Sätze und Ausdrücke – Schreibe in deiner Sprache.

Wir haben viel Spaß gehabt. _____

Ich habe in Spanien gelebt. _____

Ich bin um 7 Uhr aufgestanden. _____

Du warst eine halbe Stunde zu spät. _____

Gestern haben wir eine Arbeit geschrieben. _____

Einen Tee und eine Cola, bitte. _____

Liebe Anne, lieber Paul … _____

Liebe Grüße … _____

deine Tina _____

16 Wichtige Wörter und Sätze für *mich*.

Meine Sprache:

Deutsch:

Einheit 4

5

1 Über Aussagen berichten – Schreibe die Aussagen als *dass*-Sätze. Markiere die Verben.

1. Tom: Die Nachrichten sind langweilig. (findet)
2. Sandra: Kartenspielen ist besser als Fernsehen. (meint)
3. Tom: Ich (→ er) sehe nicht gern fern. (sagt)
4. Mareike: Ich (→ sie) liebe Stefan. (glaubt)
5. Toms Mutter: Tom sieht zu viel fern. (meint)
6. Sandras Vater: Sandra telefoniert zu viel mit dem Handy. (findet)
7. Corinna: Ich (→ sie) treffe meine (→ ihre) Freundinnen immer am Kiosk. (erzählt)
8. Herr Schmidt: Ich (→ er) habe die Mathearbeit nicht gefunden. (erzählt)
9. Anna: Ich (→ sie) habe gern in Jena gelebt. (sagt)
10. Sandra: Am Anfang haben wir (→ sie) Anna nicht gemocht. (erzählt)

Tom findet, dass die Nachrichten langweilig (sind).

7

2 No-Media – Wie ist das bei dir? Schreibe die Aussagen zu Ende.
↓ 🚚: Du kannst auch die Ausdrücke unten zu Hilfe nehmen.

1. Ich mache keine Reise ohne _____.
2. Ich finde, dass Bücher _____.
3. Ich brauche einen Computer, aber _____.
4. Ich nehme ein Radio mit. Dann _____.
5. Zeitungen _____.

🚚 sind langweilig – der ist sehr teuer – wichtig sind – mein Handy – kann ich immer Musik hören

3 *aber* – Schreibe die Sätze.

1. Ich spiele gern Gameboy, aber **ich darf nur** _____.
   ich / nur / dürfen / eine Stunde am Tag / spielen
2. Meine Mutter liest gern, aber _____.
   sie / haben / wenig Zeit
3. Mein Bruder sieht viel fern, aber _____.
   er / machen / auch viel Sport
4. Ich bekomme wenig Taschengeld, aber _____.
   ich / Geld verdienen / im Supermarkt
5. Mein Onkel ist Lehrer, aber _____.
   er / total nett / sein

4

8

4 Wörter – Hier sind die neuen Wörter aus Aufgabe 8 im Kursbuch.
a Überpüfe: Kennst du die Wörter alle?
b Welche passen in die Sätze 1–14? Ergänze. Bei den Verben musst du auf die Verbform achten und bei den Nomen auf den Plural.

Fantasie – modern – verdienen – Industrie – elektronisch – Melodie – klingeln – Tendenz – steigen – Symbol – ~~schicken~~ – erreichen – praktisch – Trend – Markt – Chance – Experte/Expertin – zwar – ersetzen – leicht – transportieren – speziell – Bücherei – Literatur – Geschichte – Welt – Figur – Abenteuer – beliebt – früher – prüfen – gegen

1. Mein Onkel hat mir aus den USA einen Brief mit 50 Dollar _____geschickt_____.
2. Der neuste _____ bei Handys sind Handys mit Fernseher.
3. Ein Handy mit Fotoapparat finde ich _____, weil ich die sofort verschicken kann.
4. Meine Eltern haben nichts _____ Computer, aber ich darf nur selten spielen.
5. Ich bin zwar kein/e _____ am PC, aber ich kenne mich gut aus.
6. Ich kaufe selten Bücher, ich leihe sie lieber in der _____ aus.
7. Mein Bruder liebt _____literatur mit Geschichten aus fremden Ländern.
8. Früher waren Indianergeschichten sehr _____. Alle haben sie gelesen.
9. *Lord Voldemort* ist eine wichtige _____ in dem Roman „Harry Potter".
10. Die _____ produziert heute immer billigere elektronische Produkte.
11. Hat dein Handy auch 200 verschiedene _____ als Klingeltöne?
12. Ich habe dich gestern fünfmal angerufen, aber nie _____.
13. Die E-Mail hat heute den Brief und das Fax schon fast ganz _____.
14. Der _____ für Elektronik ist riesig, das ist ein Milliardengeschäft.

13

5 Schreibe die Komparativformen und markiere die unregelmäßigen Formen.

gut   _____
schnell _____
lang _länger_____
klein _____
viel _____
groß _____
gern _____

länger – mehr – größer – lieber – schneller – besser – kleiner

6 Vergleiche: ... als (+/–), genau so ... wie (=), nicht so ... wie (≠)
Schreibe die Sätze wie im Beispiel.

1. =   Sibylle / Karin / groß   Sibylle ist _genauso groß wie Karin._
2. ≠   Sibylle / Tanja / groß   Sibylle ist _nicht so groß ..._
3. +/– Sibylle / Barbara / groß   Sibylle ist _größer_
4. =   Fernsehen / Kino / schön   Fernsehen ist _____
5. ≠   Fernsehen / Lesen / schön   Fernsehen ist _____
6. +/– Fernsehen / Arbeiten / schön   Fernsehen ist _____
7. =   Ein Computer / ein Laptop / viel   Ein Computer kostet _____
8. ≠   Ein Computer / ein Auto / viel   Ein Computer kostet _____
9. +/– Ein Computer / ein Handy / viel   Ein Computer kostet _____
10. = Ich lese / ich höre Musik / gern   Ich lese _genauso gern, wie ich Musik höre._
11. ≠ Ich lese / ich höre Musik / gern   Ich lese _nicht_
12. +/– Ich lese / ich höre Musik / gern Ich lese _____

7 Peter Kunzler – Ergänze den Text.

Vor 30 Jahren war alles anders: Telefon, Fernseher usw. Als ich zwölf war, hatte i__ __ z. B. kein Handy. N__ __ meine Eltern hat__ __ __ ein Telefon. W__ __ Kinder durften ni__ __ __ so lange spre__ __ __ __. Telefonieren war vi__ __ teurer als he__ __ __. Meine Eltern hat__ __ __ einen Fernseher. I__ __ wollte immer ge__ __ __ die Filme am Ab__ __ __ sehen. Aber i__ __ durfte nicht. W__ __ hatten auch wen__ __ __ __ Programme als he__ __ __: nur drei.

Mu__ __ __ hören war zu Ha__ __ __ immer ein Pro__ __ __ __. Ich konnte Mu__ __ __ nie laut hö__ __ __, immer mussten w__ __ leise sein. Manc__ __ __ __ durften wir au__ __ ins Kino ge__ __ __. Das war to__ __! Wir hatten kei__ __ __ Computer und ke__ __ Internet. Wir hat__ __ __ Bücher und Com__ __ __. Wir konnten ke__ __ E-Mails schreiben, ab__ __ Briefe. In uns__ __ __ __ Klasse hatten vi__ __ __ einen Brieffreund od__ __ eine Brieffreundin. Einmal durfte ich sogar meinen Brieffreund Jack in London besuchen. Wir haben heute noch Kontakt.

18

8 Wiederholung: Perfekt – Schreibe die Sätze.

1. Ich schreibe viele Briefe.   Früher _habe ich_ _____.
2. Er spielt gerne Lego.   Als Kind _____.
3. Sie telefonieren nicht so oft.   Früher _____.
4. Wir fahren in den Ferien nach Polen. Letztes Jahr _____.
5. Geht ihr ins Kino?   S_____ gestern _____?
6. Rufst du mich an?   H_____ vorgestern _____?

9 Präsens und Präteritum von *sein* und *haben*. Notiere die Formen im Heft.

ich   bin   war   habe   hatte
du

10 Präteritum der Modalverben
a Mache eine Tabelle im Heft: Präsens und Präteritum.

ich   kann   konnte   darf   durfte   muss   musste   will   wollte
du   kannst

b Ergänze die passenden Modalverben oder *sein/haben* im Präteritum.

Als ich vier Jahre alt war, d_urfte_____ ich endlich in den Kindergarten. Ich w_____ schon mit drei gehen, aber ich k_____ nicht, weil kein Platz da w_____ . Ich h_____ immer viel Spaß im Kindergarten, aber mit sechs w_____ ich unbedingt in die Schule gehen. Mit sieben h_____ ich dann schon keine Lust mehr und ich w_____ lieber zu Hause bleiben und spielen. Aber ich d_____ nicht.
Mein Bruder w_____ viel besser als ich. Der w_____ immer gern in die Schule gehen. Meine Schwestern w_____ noch besser. Sie h_____ überall nur gute Noten, sie m_____ nie viel lernen und k_____ viel mehr spielen als ich. Aber ich habe es doch geschafft. Mit zehn d_____ ich auf das Gymnasium. Jetzt bin ich 14 und habe noch vier Jahre bis zum Abitur. Uff!

4

Wortschatz-Hitparade

Nomen

Pluralform / Deine Sprache

das Abenteuer –/ _____
____ Brieffreund _____
____ Brieffreundin _____
____ Bücherei _____
____ Chance _____
____ Experte _____
____ Expertin _____
____ Fantasie _____
____ Figur _____
____ Geschichte _____
____ Industrie _____
____ Kontakt _____
____ Liste _____
____ Literatur _____

____ Markt _____
____ Melodie _____
____ Nachhilfe _____
____ Nachricht _____
____ Nachteil _____
____ PC _____
____ Ratte _____
____ Schulhof _____
____ Spielfilm _____
____ Spinat _____
____ Symbol _____
____ Trend _____
____ Vorteil _____
____ Welt _____

Verben

erlauben _____	prüfen _____	verdienen _____
erreichen _____	schicken _____	vergleichen _____
ersetzen _____	singen _____	vorlesen _____
gehen _____	steigen _____	werden _____
klingeln _____	transportieren _____	

Adjektive

beliebt _____	hoch _____	modern _____
billig _____	leicht _____	praktisch _____
elektronisch _____	leise _____	spannend _____

Andere Wörter und Ausdrücke

bei _____	früher _____	z. B. _____
dagegen _____	gegen _____	zwar _____
darüber _____	nie _____	wenig _____
doch _____	usw. _____	

11 Computerwörter – Arbeite mit dem Wörterbuch und ergänze die Wörter.

der Bildschirm

12 Ergänze die Sätze mit Verben oder Adjektiven aus der Hitparade in der passenden Form.

1. Ich kann heute nicht zur Party kommen. Meine Mutter hat es nicht _____.
2. Ich jobbe im Supermarkt. Ich muss Geld _____, weil ich einen Computer kaufen will.
3. Bevor du einen Computer kaufst, musst du unbedingt die Preise _____.
4. Ach was, bei „PlutoElektronik" ist meistens alles viel _____ als in anderen Läden.
5. Wo warst du gestern? Ich habe dich zehnmal angerufen und nie _____.
6. Kennst du „Diabola"? Das ist ein Computerspiel. Es ist total _____.

13 Wichtige Sätze und Ausdrücke – Schreibe in deiner Sprache.

Das finde ich auch/nicht. _____

Computerspiele machen Spaß, aber … _____

Ich brauche ein Radio mit CD-Player. _____

Fernsehen ist einfacher und besser als Lesen. _____

Computer interessieren mich nicht so sehr wie … _____

Als ich klein war, hatten wir noch kein Internet. _____

Vor fünf Jahren habe ich zum ersten Mal … _____

14 Wichtige Wörter und Sätze für *mich*.

Meine Sprache: Deutsch:

Einheit 5

Lust auf Lesen

Städterätsel

Hier findest du drei Porträts von Städten in Deutschland, Österreich und der Schweiz. Aber welcher Text und welche Bilder passen zu welcher Stadt?

1 Ich bin Marco. Meine Stadt ist die größte in meinem Land. Wir haben einen großen Fluß, der an der Stadt vorbeifließt. D.h., so groß ist er bei uns noch gar nicht, aber er ist einer der längsten Flüsse Europas. Am Ende fließt er in die Nordsee. Im Sommer kann man bei uns darin baden und sogar windsurfen.
Meine Stadt finde ich richtig gut, weil man viel unternehmen kann. Es gibt eine tolle Musikszene, aber auch viele Museen und einen super Zoo, der für seine Gorillas und Orang-Utans berühmt ist. Und wir haben es

nicht weit in die Berge, wo wir im Winter Ski fahren können.
Die Stadt ist sehr alt. Schon vor über 2000 Jahren haben hier Leute gewohnt. Aber mit ihrem Namen ist sie seit 374 bekannt. Im Mittelalter hat es bei uns mal eine Katastrophe gegeben, die Pest. Da sind hier fast die Hälfte der Einwohner gestorben.
Aber heute geht es den meisten Leuten hier gut. Das berühmteste Fest bei uns ist die Fastnacht Ende Februar oder Anfang März. Da kommen Leute aus der ganzen Welt zu uns, um die Narren mit ihren alten Masken zu sehen.

2 Hi! Ich heiße Sara und komme aus ... hoops, das darf ich ja nicht sagen. Jedenfalls müsst ihr unbedingt mal hierher kommen, bei uns steppt nämlich der Bär! Ja, der Bär!! Das ist nämlich unser Wappentier.
Meine Stadt finde ich toll. Ich lebe gern hier. Klar gibt es auch Probleme, weil die Stadt fast kein Geld mehr hat, aber es ist viel los bei uns. Hier leben Menschen aus der ganzen Welt zusammen. Die Musikszene ist die beste im Land, es gibt jede Menge Museen zu allen Themen und natürlich auch Theater. Jedes Jahr haben wir ein großes Filmfestival.
Im Sommer kann man in die Umgebung fah-

ren und findet ganz viele Seen zum Baden und man kann ganz toll Rad fahren, weil es hier keine Berge gibt. Zur Ostsee sind es auch nur zwei Stunden.
Bei uns hat man die „Currywurst" erfunden. Das ist die beste Wurst der Welt.
In den 20er Jahren im letzten Jahrhundert war meine Stadt schon mal spitze. Da trafen sich hier die wichtigsten Künstler aus der ganzen Welt. Aber dann kamen die Nazis und der Krieg und dann war meine Stadt total kaputt. Meine Oma hat mir Bilder gezeigt. Das könnt ihr euch nicht vorstellen. Alles war zerstört. Und dann war meine Stadt 40 Jahre lang in Ost und West geteilt. Da hat es eine Mauer mitten durch die Stadt gegeben. Aber seit 1990 ist es wieder eine Stadt und inzwischen auch wieder die Hauptstadt von meinem Land.

3 Servus, ich bin die Steffi. Meine Stadt ist sehr schön, finde ich. Über der Stadt liegt eine große Burg und wir haben viele alte Kirchen. Im Sommer kommen viele Touristen zu uns.
Die Stadt ist die Hauptstadt von einem Bundesland, das genauso heißt wie die Stadt. Sie hat eine lange Geschichte. Seit dem 8. Jahrhundert hat ein Erzbischof seinen Sitz hier.

Aber wirklich berühmt ist sie, weil hier einer der berühmtesten Musiker der Welt zur Welt gekommen ist. Mit fünf Jahren war er schon ein Superstar und ist überallhin auf Tournee gegangen. Mit 13 wurde er Konzertmeister, aber da hat er nur Probleme bekommen, weil er sich mit seinem Chef nicht gut verstanden hat. Mit 25 ist er dann nach Wien gegangen. Er hatte zwar keinen festen Job, hat aber jede Menge super Musik geschrieben und Mega-Partys gefeiert. Sein Vater war natürlich nicht begeistert davon. Mit 35 war er dann schon tot, und bis heute weiß keiner so genau, warum er gestorben ist. Jedenfalls ist meine Stadt sein Geburtsort und sie profitiert heute noch davon.

Einheit 6

1 Ergänze die Aussagen von Marco, Klaus und Steffi.

1. Also, ich __treibe__ gern Sport. Das ist nicht immer so einfach,
weil ich im Rollstuhl s_____ muss, a_____ es geht. Wir
haben bei uns im Dorf einen Basketballclub für Rollstuhlfahrer und wir spielen
und t_____ jeden Sonntag und das macht v_____ Spaß.
Für m_____ ist Sport wichtig, weil ich dann das Gefühl habe,
d_____ ich etwas für m_____ Körper mache und
w_____ bei uns in der Gruppe v_____ nette Leute sind. Ich
f_____ es auch toll, weil wir oft in andere Städte fahren und
g_____ andere Teams s_____. Und da freue ich mich immer,
wenn u_____ Team g_____!

aber – dass – finde – gegen – gewinnt – meinen – mich – sitzen – spielen – trainieren – treibe – unser – viel – viele – weil

2.
Eigentlich m_____ ich Sport überhaupt n_____.
Den Fußball und das Trikot h_____ ich nur für das Foto dabei.
Ich finde Sport viel zu g_____. In der Schule m_____ wir
immer nur Fußball spielen und da habe ich mich schon oft v_____.
Für Sport habe ich k_____ Zeit. Ich sitze l_____ zu Hause
und l_____ ein spannendes Buch.

gefährlich – habe – keine – lese – lieber – mag – müssen – nicht – verletzt

3.
Ja, für mich ist S_____ wichtig. Am liebsten spiele ich T_____.
Ich gehe zweimal in der W_____ zum T_____, weil ich
gerne fit bin, und das ist auch gut für die F_____. Vielleicht werde ich
später einmal ein _____ so wie Steffi Graf. Dann verdiene
ich viel G_____.

Figur – Geld – Sport – Tennis – Tennisprofi – Training – Woche

2 Das Sportabzeichen – Nummeriere in der richtigen Reihenfolge und mache aus den Sätzen einen Text.

[ ] Beim ersten Mal bekommt man
[ ] ist nicht wichtig und
[ ] Hauptsache, man macht Sport und schafft
[1] In Deutschland machen viele
[ ] es ist auch nicht so wichtig, wer am schnellsten läuft
[ ] eine bestimmte Mindestleistung.
[ ] Wenn man zum dritten Mal mitgemacht hat,
[ ] Menschen das Sportabzeichen. Das Alter
[ ] oder am höchsten springt.
[ ] eine Medaille in Bronze, beim zweiten Mal in Silber.
[ ] bekommt man eine Goldmedaille.

In Deutschland machen viele Menschen ...

3 Rekorde – Ergänze die passenden Adjektive in der Superlativform.

teuer • schnell • schön • lang • berühmt • hoch • klein

1. Der _____ Mann der Erde war Robert Pershing Wadlow mit 2,72 Meter. Er ist mit 22 gestorben.
2. Der _____ Karneval ist der von Rio de Janeiro. Jährlich sehen ihn hunderttausende von Menschen.
3. Der _____ Berg ist der Mount Everest. Er ist 8848 Meter hoch.
4. Das _____ Bundesland Deutschlands ist Bremen. Es hat nur 404 Quadratkilometer.
5. Die Schweizer sagen: Der _____ Berg in den Alpen ist das Matterhorn. Aber nur, wenn man den Berg von der Schweiz aus sieht.
6. Das _____ Hotelzimmer gibt es im Atlantis Resort auf den Bahamas. Eine Nacht kostet 25.000 Dollar.
7. Das _____ Passagierflugzeug war die Concorde. Eine Maschine steht heute im Technik-Museum in Sinsheim bei Heidelberg.

6

17

4 Suchrätsel – Hier findest du mehr als 35 Wörter zu den Themen: Sport, Körper und Krankheit. Ordne sie in die Tabelle ein.

O	B	S	H	A	N	D	B	A	L	L	C	I	D	A	S	N	R	R
H	O	C	K	V	C	S	K	A	T	E	N	E	R	L	C	J	A	D
R	S	H	Ö	Y	N	V	O	R	Ü	C	K	E	N	C	H	T	D	K
H	M	U	R	M	F	O	P	E	W	E	R	F	E	N	N	I	F	G
O	C	L	P	P	E	L	F	N	Y	K	U	K	C	L	U	W	A	E
C	S	T	E	H	W	L	W	N	T	O	G	N	H	R	P	E	H	F
H	P	E	R	R	G	E	E	E	C	P	B	I	A	E	F	L	R	Ä
S	O	R	I	U	H	Y	H	N	G	F	Y	E	M	K	E	T	E	H
P	R	Z	A	H	N	B	G	H	U	S	T	E	N	O	N	R	N	R
R	T	I	B	M	H	A	L	S	S	C	H	M	E	R	Z	E	N	L
I	P	F	W	P	V	L	T	Y	I	H	A	L	S	D	O	K	C	I
N	L	S	Q	K	E	L	Y	C	Y	M	N	A	S	E	Q	O	J	C
G	A	P	D	M	R	K	Ö	R	P	E	R	T	E	I	L	R	F	H
E	T	O	S	I	L	B	E	R	Z	R	D	H	A	N	D	D	A	I
N	Z	R	O	X	E	M	U	N	D	Z	N	U	R	K	U	N	D	E
K	W	T	V	R	T	S	Z	I	M	E	D	A	I	L	L	E	M	K
K	R	A	N	K	Z	S	E	K	O	N	L	A	U	F	E	N	V	O
K	A	R	A	T	E	W	E	I	T	S	P	R	I	N	G	E	N	L
N	F	T	Q	N	N	X	J	T	U	R	N	E	N	H	H	N	D	N

Sport	**Körper**	**Krankheit**
Handball, skaten	die Schulter, -n	

5 Krank oder gesund sein – Ordne die passenden Wörter oder Ausdrücke zu.

Beine – Bauchweh – ~~fit~~ – Hals – Bauch – krank – Halsschmerzen – gesund – Kopfweh – Ohren – erkältet – Ohrenschmerzen – Füße – Arme – Rücken – ~~Knie~~

Ich bin __gesund_____. Ich habe _____.
Ich bin _____. Ich habe _____.
Ich bin _____. Ich habe _____.
Ich bin _____. Ich habe _____.

Mein __Knie_____ tut weh. Meine _____ tun weh.
Mein _____ tut weh. Meine _____ tun weh.
Mein _____ tut weh. Meine _____ tun weh.
Mein _____ tut weh. Meine _____ tun weh.

6 *Weil* oder *dass*

a Markiere in a–h alle Verben.
b Schreibe die Nebensätze mit der passenden Konjunktion und markiere wieder die Verben.

1. Es tut mir leid …   a) Ich (kann) morgen nicht (kommen).
   Es tut mir leid, dass ich morgen nicht (kommen) (kann).

2. Ich kann morgen leider nicht kommen …   b) Ich bin erkältet.

3. Peter ist verletzt …   c) Er hat beim Turnen nicht aufgepasst.

4. Mein Vater schreibt mir eine Entschuldigung …   d) Ich war gestern nicht in der Schule.

5. Er schreibt …   e) Ich habe Fieber gehabt.

6. Herr Schmidt hat gesagt …   f) Der Mathetest wird schwer.

7. Der Test wird leicht …   g) Wir kennen ihn schon.

8. Aber Herr Schmidt weiß nicht …   h) Wir kennen ihn schon.

Wortschatz-Hitparade

Nomen

Pluralform / Deine Sprache

___ das ___ Alter _Sg. /_ ___
___ Arm ___
___ Auge ___
___ Bauch ___
___ Bauchschmerzen ___
___ Bein ___
___ Brust ___
___ Daumen ___
___ Ergebnis ___
___ Erkältung ___
___ Finger ___
___ Fuß ___
___ Gesicht ___
___ Grippe ___
___ Haar ___
___ Hals ___
___ Halsschmerzen ___
___ Hand ___
___ Husten ___
___ Knie ___
___ Kopf ___
___ Kopfschmerzen ___
___ Kopfweh ___
___ Körper ___
___ Körperteil ___
___ Mund ___
___ Nase ___
___ Ohr ___
___ Punkt ___
___ Rücken ___
___ Schnupfen ___
___ Schulter ___
___ Sportart ___
___ Zahn ___

Verben

ausruhen ___   gewinnen ___   organisieren ___
auswählen ___   laufen ___   rennen ___
beantworten ___   legen ___   springen ___
begründen ___   malen ___   stattfinden ___
erkennen ___   mitmachen ___   wählen ___

Adjektive

elegant ___   fit ___   krank ___
erkältet ___   gefährlich ___   verschieden ___

Andere Wörter und Ausdrücke

aus ___   ein bisschen ___   sofort ___
dafür ___   einmal ___   Sport treiben ___

7 Ergänze die Sätze mit passenden Verben aus der Hitparade. Achte auf die Verbform.

1. Ich kann deine Frage leider nicht _____.
2. Wir spielen jeden Sonntag Fußball, aber wir _____ fast nie.
3. Nach den Hausaufgaben geh ich immer eine Stunde _____.
4. Nach der Schule _____ ich mich etwas _____ und dann lerne ich.
5. In der 7. Klasse können wir zwischen Latein oder Französisch _____.
6. Bitte _____ eure Hefte auf den Tisch. Ich möchte die Hausaufgaben kontrollieren.
7. Ich habe keine Zeit, ich muss noch unser Fest _____.
8. Kann ich bei euch _____? Ich bin gut im Volleyball.

8 Adjektive – Finde das Gegenteil in der Hitparade.

gesund _____   untrainiert _____

unmodisch _____ sicher _____

gleich _____

9 Wichtige Sätze und Ausdrücke – Schreibe in deiner Sprache.

Ich treibe viel Sport, weil … _____

Wer kann am schnellsten laufen? _____

Nach dem Sport bin ich immer total kaputt. _____

Mein Bein tut weh. _____

Ich habe Halsschmerzen. _____

Ich bin erkältet. _____

10 Wichtige Wörter und Sätze für *mich*.

Meine Sprache: Deutsch:

Einheit 7

1 Ergänze die Texte.

Herbie

Das Thema Mode interessiert i**h n** eigentlich über_ _ _ _ _ nicht. Se_ _ _ Mutter le_ _ morgens d_ _ Kleidung h_ _ und er zi_ _ _ sie an. Er m_ _ sportliche Sac_ _ _ _, bequeme Je_ _ _ _, T-Shirts, Gr_ _ _ _: XL. D_ _ Farbe i_ _ ihm eg_ _. Am lieb_ _ _ _ _ zieht er im Mom_ _ _ _ das dun_ _ _ _ Sweatshirt an. Se_ _ bequem. Er h_ _ auch ei_ _ _ Mütze, d_ _ dazu pa_ _ _ _. Wichtig si_ _ _ die Sch_ _ _ _. Sportschuhe fin_ _ _ er g_ _. Die tragen im Moment alle in seiner Klasse.

Alexa

Sie sagt, dass sie ein Sommertyp ist. Sie m_ _ helle, son_ _ _ _ _ Farben. S_ _ geht o_ _ mit ih_ _ _ Freundin Il_ _ _ _ einkaufen. Na ja, ni_ _ _ _ richtig. Meis_ _ _ _ _ probieren s_ _ im Kauf_ _ _ _ _ nur ne_ _ Sachen an. Spä_ _ _ _ geht s_ _ dann m_ _ ihrer Mut_ _ _ _ und s_ _ kaufen d_ _ Sachen manc_ _ _ _ _. Man ka_ _ auch Klei_ _ _ _ _ selbst mac_ _ _. Zum Beis_ _ _ _ _ Blusen. D_ _ ist bill_ _ _ _ _. Manchmal gi_ _ es e_ _ bisschen Str_ _ _ _. Ihre Mutter mag keine kurzen Röcke.

2 62 Adjektive aus geni@l – Wie viele Gegensatzpaare findest du? Einige Adjektive bleiben übrig.

<u>aggressiv</u> – allein – altmodisch – beliebt – billig – böse – dick – dumm – dünn – dunkel – ehrlich – elegant – eng – falsch – feige – fern – fit – <u>friedlich</u> – fröhlich – furchtbar – gefährlich – gemeinsam – gepunktet – gestreift – gesund – gleich – häufig – hell – hoch – kalt – klug – krank – kreativ – laut – leicht – leise – modern – mutig – nah – nett – niedrig – praktisch – pünktlich – richtig – ruhig – salzig – schwach – spannend – selten – sportlich – still – süß – traurig – treu – unbeliebt – unehrlich – unsportlich – untreu – verschieden – viel – warm – weit – wenig – zuverlässig

aggressiv – friedlich

3 Einkaufsgespräche – Welche Reaktionen (a–l) passen zu den Äußerungen 1–4?

1. Wie findest du die grüne Bluse?
   c, d, f

2. Haben Sie die Bluse auch in 38?

3. Mir gefällt der rote Rock gar nicht.

4. Möchten Sie den Schal kaufen?

a) Aber der steht dir gut.
b) Da muss ich nachschauen. Einen Moment bitte.
c) Die find ich gut.
d) Die gefällt mir gar nicht.
e) Du hast Recht, der sieht blöd aus.
f) Ich bin noch nicht sicher.
g) Ich glaube nicht.
h) Ja, aber nicht in Grün.
i) Ja, wo ist die Kasse?
j) Nein, der ist mir doch zu teuer.
k) Passt die dir?
l) Probier ihn doch mal in Blau.

4 Kleidung – Ergänze die passenden Kleidungsstücke.

1. Peter trägt in der Schule immer eine schwarze
   J_____, ein schwarzes
   S_____, schwarze
   S_____ und bei Sonne seine
   schwarze Sonnen_____. Im Winter
   trägt er einen schwarzen S_____ und
   eine schwarze _____. Das sieht total
   cool aus, findet er.

2. Frau Winter kommt immer im gleichen grauen
   H_____ in die Schule. Im Sommer
   trägt sie manchmal auch ein unmodisches
   K_____.

3. Unser Mathelehrer, Dr. Wertenschlag, trägt meistens
   seinen grauen A_____ mit einem
   weißen H_____ und einer gestreiften
   K_____. Die H_____
   ist etwas zu kurz. Das sieht furchtbar aus.

4. Sabine trägt im Schwimmbad immer einen bunten
   B_____.

Anzug – Bikini – Brille – Hemd – Hose – Hosenanzug – Jeans – Kleid – Krawatte – Mütze – Schal – Schuhe – Sweatshirt

5 Adjektive systematisch – Ergänze die Tabelle.

der Schal	_____ Hemd	_____ Jacke	_____ Schuhe (Plural)
Nominativ der rot_e_ Schal (k)ein rot__ Schal mein rot__ Schal	da__ rot__ Hemd (k)ein rot__ Hemd mein rot__ Hemd	di__ rot__ Jacke ein__ rot__ Jacke mein__ rot__ Jacke	di__ rot__ Schuhe — rot__ Schuhe kein__ rot__ Schuhe mein__ rot__ Schuhe
Akkusativ den rot__ Schal (k)ein__ rot__ Schal mein__ rot__ Schal			

6 Ergänze die Sätze.

1. ● Ich wünsche dir ein schön_es_ Wochenende. ○ Danke, ich dir auch.
2. ○ Na, wie waren deine Ferien? ○ Ich hab noch nie so schön____ Ferien gehabt!
3. ● Hast du schon mein neu____ T-Shirt gesehen? ○ Welches? ● Das rot____.
4. ● Mama, wo sind meine schwarz____ Schuhe? ○ Im Schrank! Ich hab sie aufgeräumt!
5. Deine neu____ Hose ziehst du nicht zum Fußballspielen an!
6. Ich hab mir einen schneller____ Computer gekauft. Er hat eine 400-GB-Festplatte.
7. Ich hab für mein alt____ Computerspiel noch 10 Euro bekommen.
8. Wir haben jetzt einen ganz jung____ Biolehrer. Der ist total nett.

7 Schönheitsoperation – Adjektive nach der/das/die – Ergänze den Text.

Der ganz____ Kopf ist jetzt schöner und der dick____ Hals wirkt schlanker. Auch die brei____ Nase haben wir elegant____ gemacht und wir haben das hässlich____ Kinn verändert. Die groß____ Ohren sind jetzt kleiner. Den schwarz____ Bart finden wir besonders gut. Die schön____ Haare haben wir nicht verändert.

17

8 Tina und Timo – Beschreibe die beiden.

Tina: Schuhe/schwer, Rock/lang, Brille/groß, Haare/lang, Pullover/dick

Timo: Brille/klein, Hose/kurz, Hemd/gestreift, Haare/kurz, Uhr/teurer

Tina trägt schwere Schuhe, einen
Timo trägt eine kl

9 Ein böser Traum
Ersetze im Text das Adjektiv *rosa* durch andere Adjektive mit den richtigen Adjektivendungen. Vergleiche mit unserer Lösung. Die Adjektivendungen müssen wie in unserer Lösung sein.

Einige mögliche Adjektive:
dunkel • grün • bunt • groß • gefährlich • rot • lang • braun • tief • dick • grau • seltsam • schön • traurig • weiß • klein • lieb • böse • modern • schick • faul • fleißig • arm • schwarz • riesig

Letzte Nacht hatte ich einen *rosa*[1] Traum: Ich gehe im Wald spazieren. Über mir fliegt ein *rosa*[2] Vogel. Als ich ihm nachsehe, kommt ein *rosa*[3] Reh zwischen den *rosa*[4] Bäumen hervor und schaut mich aus *rosa*[5] Augen an. Plötzlich steht der *rosa*[6] Wolf vor mir. Er hat ein *rosa*[7] Fell und einen *rosa*[8] Schwanz. Er öffnet sein *rosa*[9] Maul und ich kann seine *rosa*[10] Zunge und sein *rosa*[11] Gebiss sehen. Hinter ihm steht das *rosa*[12] Rotkäppchen. Es trägt ein *rosa*[13] Kleid und natürlich die *rosa*[14] Mütze. „Rotkäppchen", sage ich, da läuft es schnell in den *rosa*[15] Wald. Im gleichen Moment springt der *rosa*[16] Wolf mit einem *rosa*[17] Satz auf mich zu. Ich falle hin, er reißt sein *rosa*[18] Maul auf und … da bin ich aufgewacht.

Letzte Nacht hatte ich einen bösen Traum.

7

Wortschatz-Hitparade

Nomen

Pluralform / Deine Sprache

der Anzug _¨-e /_ _____
____ Bluse _____
____ Brille _____
____ Farbe _____
____ Geschmack _____
____ Größe _____
____ Hose _____
____ Hut _____
____ Jacke _____
____ Kleid _____
____ Kleidung _____
____ Kleidungsstück _____
____ Kommode _____
____ Krawatte _____

____ Lieblingsfarbe _____
____ Manager _____
____ Managerin _____
____ Mantel _____
____ Mode _____
____ Mütze _____
____ Pullover _____
____ Rock _____
____ Schal _____
____ Schublade _____
____ Situation _____
____ Skandal _____
____ Sportschuh _____
____ Stiefel _____

Verben

anprobieren _____
berichten _____
entschuldigen _____
hinlegen _____
kontrollieren _____

nennen _____
reinkommen _____
schreien _____
tragen _____
überlegen _____

Adjektive

altmodisch _____
bequem _____
dunkel _____
dunkelblau _____
einfarbig _____
eng _____
gemütlich _____

gepunktet _____
gestreift _____
heiß _____
hell _____
hellgrün _____
kariert _____
natürlich _____

schick _____
sonnig _____
tot _____
unmodern _____
warm _____
weit _____

10 Was passt nicht in die Reihe? Markiere.

1. der Mantel – das T-Shirt – der Schal – der Pullover
2. die Bluse – das Kleid – der Rock – die Krawatte
3. der Anzug – die Bluse – die Krawatte – das Hemd
4. kariert – bunt – gestreift – gepunktet
5. rot – grün – grau – blau
6. anprobieren – berichten – kaufen – tragen

T-Shirt ist keine Winterkleidung

11 Adjektive – Finde das Gegenteil in der Hitparade.

modisch – _____

lebendig – _____

bunt – _____

kalt – _____

regnerisch – _____

weit – _____

hell – _____

modern – _____

unbequem – _____

unnatürlich – _____

12 Wichtige Sätze und Ausdrücke – Schreibe in deiner Sprache.

Wie findest du die grüne Bluse? _____

Die finde ich super/schön/langweilig/altmodisch. _____

Gefällt dir mein neuer Pullover? _____

Ja, der gefällt mir sehr. / Nein, überhaupt nicht. _____

Hast du eine hellblaue Bluse für mich? _____

Ja klar. / Nein, aber eine hellgrüne hab ich. _____

Ich mag helle, sonnige Farben. Schwarz mag ich nicht. _____

13 Wichtige Wörter und Sätze für *mich*.

Meine Sprache:

Deutsch:

Einheit 8

6

1 Kreuzworträtsel

Waagrecht:
2. Ein Produkt aus Milch, aber nicht Butter.
4. Eine sehr beliebte Frucht. Man macht auch Saft davon.
8. Am Nr. 16 kann man auch … oder Käsebrötchen kaufen.
9. Hier kann man essen gehen. Kostet manchmal viel Geld.
11. Kann man trinken und es macht nicht dick..
13. Oberbegriff von Nr. 6 und 7
15. McDonald's hat viele … in der ganzen Welt.
17. Das und Pommes frites macht man aus Nr. 2 senkrecht.
19. Das ist in Deutschland ganz beliebt: … mit Pommes oder mit Brot am Nr. 16 essen.

Senkrecht:
1. Nr. 17 sind mir zu … Nr. 19 oft auch.
2. Aus … macht man viele Sachen: z.B. Pommes frites (Sg.).
3. Kommt aus Neuseeland und ist grün.
5. Oberbegriff für Nr. 3, 4 und z.B. Bananen.
6. Ist grün, aber ein Nr. 13.
7. Ist orange und auch ein Nr. 13.
10. Zum Geburtstag backt meine Mutter immer eine große … für mich.
12. Ganz berühmt ist das Wiener … Man isst es gern im Nr. 9 mit Pommes frites und Salat.
14. In Indien und Thailand isst man gerne sehr …
16. Hier gibt es Nr. 19 mit Pommes. Beim türkischen … gibt es Döner.
18. Ich esse keine Nr. 17, weil die mir viel zu … sind.

42 zweiundvierzig

8

2 Im Text sind sieben Informationen falsch. Korrigiere sie.

In Deutschland gibt es ~~wenige~~ viele ausländische Restaurants. Man findet selten chinesische Restaurants und keine aus anderen Nationen. Typisch deutsche Restaurants gibt es oft. In der Stadt kann man aber an vielen Imbissen eine Weißwurst oder eine Currywurst bekommen und in Restaurants Döner in vielen Variationen. Beliebt sind in Deutschland auch Krabben- und Käsebrötchen. Das beliebteste Essen in Deutschland ist vielleicht der türkische „Döner".

Bratwurst – selten – oft – türkische – viele – viele – Schnitzel

8

3 Familie Schuhmann – Ergänze den Text.

Beim Frühstück muss bei Schuhmanns alles schnell gehen. Herr Schuhmann is__s__ __t__ nur e___ Brot und tri_____ eine Ta_____ Kaffee, we___ er um 7 U___ in d___ Firma se___ muss. Se_____ Frau h___ mehr Ze___, isst e___ Wurstbrötchen u___ trinkt ei_____ Tee u___ einen Orang_____. Stefan is___ immer zw___ Brote m___ Käse u___ Wurst u___ sein Bru_____ isst manc_____ einen Tel_____ Cornflakes.
Z___ Mittagessen si___ die Kin_____ allein zu Ha_____ und es gi___ Spaghetti m___ Tomatensoße od___ eine Su_____. Die Elt_____ essen in d___ Kantine.
D___ Abendessen i___ meistens ka___, manchmal gi___ es au___ einen grü_____ Salat m___ Tomaten.
Am Sonntagn_____ gibt es o___ Kaffee u___ Kuchen. Meis_____ backt Fr___ Schuhmann d___ Kuchen sc_____ am Sam_____. Oft bringt Oma auch Kuchen von zu Hause mit.

4 Zu jedem Satzanfang (1–6) passen mindestens zwei Ergänzungen (a–j)

1. Ich trinke am liebsten …
2. Der … schmeckt prima!
3. Ich muss jetzt leider …
4. Wir essen heute …
5. Kann ich noch …

a) einen Teller Suppe haben?
b) in der Kantine.
c) nach Hause gehen.
d) eine Tasse Tee haben?
e) Kuchen.
f) zu Hause.
g) Mineralwasser.
h) zurück ins Büro gehen.
i) Salat.
j) Milch.

Ich trinke am liebsten Mineralwasser/Milch.

5 Wiederholung Personalpronomen und Possessivartikel – Ergänze die Tabelle.

Personalpronomen								
Nominativ	ich			es			ihr	sie/Sie
Akkusativ		dich			sie			
Dativ			dir			uns		ihnen/Ihnen
Possessivartikel (Singular)								
Nominativ m/n / f	mein meine	dein	sein					
Akkusativ m/n / f	mein/en meine							
Dativ m/n / f		deinem deiner						

6 Wer kann gemeint sein? Setze die Personen ein. Es gibt z. T. mehrere Möglichkeiten.

Jasmin   Mathelehrer   Freunden   Opa   Großeltern   Oma   Freundin

1. Zu Partys trägt __Jasmin__ am liebsten ihren kurzen blauen Rock. Den findet sie cool.
2. Mein _____ und meine _____ kommen am Sonntag immer zum Kaffee.
3. Wir besuchen unsere _____ oft in den Ferien.
4. Am liebsten spielen wir mit unseren _____ Computer.
5. Ich bekomme von meiner _____ noch 20 Euro, aber sie hat kein Geld.
6. ● Was hat denn euer _____? Er sieht so traurig aus? ○ Vielleicht hat er den Test korrigiert.

7 Ergänze die Possessivartikel. Achte auf den Kasus.

1. Ich schenke m_____ Bruder eine CD zum Geburtstag.
2. Arbeiten d_____ Eltern beide?
3. Tim fährt im Sommer mit s_____ Eltern an die Ostsee.
4. Herr Schmidt: Sagt bitte e_____ Eltern, dass am Montag Elternabend ist.
5. Wir müssen u_____ Eltern noch sagen, dass am Montag Elternabend ist.
6. Kommst du mit d_____ Schwester zur Party?

8 Präpositionen mit Dativ

a Ergänze die Präpositionen und die Dativendungen der Artikel. Es gibt zum Teil mehrere Möglichkeiten.

1. _____ mein___ lieben Oma bekomme ich immer einen Schokoladenkuchen zum Geburtstag.
2. Am liebsten esse ich Bratwurst _____ ein___ warmen Kartoffelsalat.
3. Montags isst Susi immer _____ ihr___ Freundin, weil ihre Eltern beide arbeiten.
4. _____ ein___ guten Essen trinkt mein Vater gern einen Espresso.
5. _____ ein___ halben Jahr kocht mein Vater am Wochenende. Er hat einen Kochkurs besucht.
6. _____ ein___ kleinen Orange kann man nicht viel Orangensaft machen.
7. _____ ein___ richtigen Schnitzel passen am besten Pommes _____ ein___ grünen Salat.

von – aus – bei – mit – nach – seit – zu – mit

b Noch eine Frage: Was sind die Adjektivendungen im Dativ nach unbestimmten Artikeln und Possessivartikeln? Sieh in den Sätzen in 8a nach.

16

9 Redewendungen – Ergänze die Wörter.

wurst – Keks – Salat – Tomaten – Käse – egal – aufpassen – Blödsinn – Nerven – Katastrophe

1.
● Jetzt haben wir den _____, mein Füller ist kaputt, das ist eine _____!
○ Red keinen _____. Das ist doch _____!
Du musst nur die Tintenpatrone wechseln.

2.
● Peter, kannst du mir helfen? Ich versteh die Aufgabe nicht.
○ Du gehst mir auf den _____! Dauernd soll ich dir helfen.
● Und du gehst mir auf die _____. Du bist so arrogant!

3.
● Du hast ja schon wieder eine Fünf in Deutsch!
○ Das ist mir _____!
Es ist sowieso alles _____.
Ich muss das Jahr wiederholen.

Oh, Entschuldigung, ich hab dich nicht gesehen.

Mann, du hast wohl _____ auf den Augen. Kannst du nicht _____?

8

Wortschatz-Hitparade

Nomen

Pluralform / Deine Sprache

der Alltag Sg. / _____
____ Apfel _____
____ Bratkartoffel _____
____ Brokkoli _____
____ Dame _____
____ Deutschlehrer _____
____ Deutschlehrerin _____
____ Ernährung _____
____ Firma _____
____ Frucht _____
____ Gemüse _____
____ Imbiss _____
____ Jugend _____
____ Kantine _____
____ Karotte _____
____ Kartoffel _____
____ Käse _____
____ Katastrophe _____
____ Keks _____
____ Kiwi _____
____ Kuh _____

____ Lebensmittel _____
____ Lieblingsessen _____
____ Marmelade _____
____ Mineralwasser _____
____ Möhre _____
____ Nation _____
____ Obst _____
____ Restaurant _____
____ Sahne _____
____ Salat _____
____ Schnitzel _____
____ Sonntagnachmittag _____
____ Speise _____
____ Stück _____
____ Tasse _____
____ Teller _____
____ Tomate _____
____ Torte _____
____ Umfrage _____
____ Weißbrot _____
____ Witz _____

Verben

bekommen _____
liegen _____
mitbringen _____
träumen _____

Adjektive

ausländisch _____
fett _____
glücklich _____
kalt _____
salzig _____
scharf _____

Andere Wörter und Ausdrücke

abends _____
mittags _____
morgens _____
samstags _____

10 Wortfeld „Essen" – Wie viele Wörter kennst du? Ergänze die Tabelle.

Fleisch/Fisch	Obst	Gemüse	Getränke	Backwaren
die Krabben	der Apfel	die Kartoffeln	das Wasser	der Berliner

11 Wichtige Sätze und Ausdrücke – Schreibe in deiner Sprache.

Wir gehen oft/selten essen.

Ich esse gern italienisch. Ich liebe Pizza.

Japanisch habe ich noch nie gegessen.

Ich mag keine Bratwürste. Die sind mir zu fett.

Indisches Essen ist mir zu scharf.

Torte finde ich meistens zu süß.

Meinem Vater schmeckt Fisch, meiner Mutter nicht.

Was schenkst du deiner Freundin zum Geburtstag?

Mein Bruder geht mir auf die Nerven.

12 Wichtige Wörter und Sätze für *mich*.

Meine Sprache:

Deutsch:

Einheit 9

1 Einen Tagebuchtext schreiben – Bringe 1–10 in die richtige Reihenfolge und schreibe den Text.

Das war ein verrückter Abend.

1. Aber sie hat sich nur mit Bernd unterhalten.
2. Ich wollte so gern mit Miriam zusammen sein.
3. Ich hatte schlechte Laune und wollte nach Hause gehen.
4. Ich war echt sauer auf sie.
5. Immer muss ich einkaufen gehen und meine Schwester fast nie!!!
6. Natürlich war ich dann erst um acht bei Miriams Party.
7. Plötzlich war Rhea da und hat gesagt, dass sie mitkommt.
8. weil ich um 7 Uhr noch Lebensmittel einkaufen gehen musste.
9. Rhea und ich sind dann zusammen ins Kino gegangen und wir haben uns richtig gut unterhalten.
10. Zuerst ging es mir schlecht,

Die ist total lieb.

Das war ein verrückter Abend. Zuerst ...

2 Monikas Party – Ergänze die Dialoge.

auch – aufpassen – blöde – dir – Finde – Hause – klar – los – spät – Super – tanzt

1. ● Hallo, Carsten.
   ○ Hey, Tanja. Alles _____?
   ● Alles okay. Warum kommst du so _____?
   ○ Ach, ich musste auf meine Schwester _____.

2. ● _____ Musik.
   ○ Ja, Paul ist ein super DJ.
   ● Und _____ du, Markus?
   ○ Aber nur mit _____.

3. ● Hey, Carsten. Was ist _____?
   ○ Ist eine _____ Party.
   ● _____ ich auch.
   ○ Ich geh nach _____.
   ● Ich geh _____. Komm, gleich fährt der Bus in die Stadt.

3 Gefühle und Stimmungen ausdrücken – Je ein Ausdruck passt nicht. Markiere.

1. Ich bin   total sauer / total glücklich / total drauf .
2. Ich habe   gute Laune / gut drauf / schlechte Laune.
3. Es geht mir   wütend / gut / nicht schlecht.
4. Ich bin   traurig / glücklich / total.
5. Ich habe   keine Laune / keine Lust / keine Zeit.
6. Es geht mir   ganz gut / egal / schlecht.
7. Es ist   alles klar / alles o.k. / alles los.
8. Mir ist   alles gut / alles egal / alles wurst.

4 Wenn …, (dann) – Schreibe die Sätze und markiere die Verben.

1. Die Sonne (scheint). Mir (geht) es gut.

   Mir *geht es gut, wenn* _____

2. Ich (bin) sauer. Ich (muss) (aufräumen).

   Wenn ich _____

3. Ich (bin) traurig. Monika (tanzt) mit Markus.

   Ich _____

4. Peter (ist) wütend. Er (schreibt) eine Fünf in Mathe.

   Wenn Peter _____

5. Herr Schmidt (hat) schlechte Laune. Die Schüler (machen) keine Hausaufgaben.

   Herr Schmidt _____

6. Kati (geht) es gut. Sie (bekommt) eine Torte von ihrer Oma.

   Kati _____

7. Kati (geht) es schlecht. Sie (isst) die Torte allein.

   Wenn sie _____

8. Wir (feiern). Wir (gewinnen) das Fußballturnier.

   Wenn wir _____

9. Ich (gehe) ins Kino. Rhea (kommt) mit.

   Rhea _____

neunundvierzig

5 Konflikte – Wiederholung: Nebensätze mit *dass* oder *weil*
Ergänze die Konjunktionen im Text.

Christine hat Sonja gesagt, _____ sie total sauer ist, _____ Ralf seit Tagen nicht angerufen hat. Sie hat ihr auch gesagt, _____ sie mit ihm Schluss machen will. Sonja redet mit Ralf, _____ sie Christine helfen will. Ralf meint, _____ Christine spinnt, _____ sie ihm so eine Szene macht. Sonja sagt zu Ralf, _____ er Christine verstehen muss, _____ ihr letzter Freund auch Schluss gemacht hat, ohne _____ er mit ihr gesprochen hat. Christine findet es blöd, _____ Sonja mit Ralf gesprochen hat, _____ sie selber mit ihm sprechen wollte. Sonja ist sauer, _____ sie Christine ja nur helfen wollte. Eine Woche später sagt Ralf Christine, _____ er mit ihr Schluss machen will, _____ er Sonja liebt.

6 Schreibe die Sätze.

1. wenn / haben / gute Laune / ich – ich / hören / Musik
   Wenn ich gute Laune habe, höre ich Musik.

2. weil / ich / musikalisch / sein / nicht – ich / kein Instrument / spielen

3. dass / ich / finden / die Englischlehrerin / zu viele Hausaufgaben / geben

4. wenn / bekommen / Paul / sein Taschengeld – dann / er / kaufen / seine „Bravo"

5. weil / Silke / haben / kein Geld – sie / den Rock / kaufen / können / nicht

6. schön / sein / es – wir / dass / nächste Woche / haben / Ferien

7. wenn / haben / Zeit / meine Schwester – sie / helfen / mir / beim Deutschlernen

7 Kritik und Reaktionen

a Schreibe die Sätze.

1. du / ein Monat / seit / nicht anrufen / haben / !
   Du hast seit einem Monat nicht angerufen!

2. sofort / das Fenster / zumachen / .

3. warum / du / immer / die Tür / offen stehen / lassen / ?

4. schnell / machen / der Bus / abfahren / gleich / .

5. du / müssen / mehr Sport machen / .

6. warum / du / nicht / die Hausaufgaben / machen / haben / ?

7. können / du / dein Zimmer / aufräumen / nicht / ?

8. du / haben / zwei Wochen / vor / zehn Euro / leihen / von mir / !

9. ihr / kommen / immer / zum Essen / zu spät / !

b Ordne 1–9 den Reaktionen a–i zu.

_4_ a) Immer mit der Ruhe. Wir haben noch zwei Minuten.
___ b) Aber ich gehe doch immer zu Fuß zur Schule.
___ c) Ich hab es fünfmal versucht, aber du warst nie da!
___ d) Entschuldigung, ich mach sie gleich zu.
___ e) Das hat Susi aufgemacht.
___ f) Ich war gestern krank.
___ g) Der Schulbus ist auch 10 Minuten zu spät gefahren.
___ h) Ja, o.k., ich mach's gleich. Ich will nur die Sendung noch fertig sehen.
___ i) Das tut mir leid. Kann ich sie dir am nächsten Montag zurückgeben?

9

Wortschatz-Hitparade

Nomen

Pluralform / Deine Sprache

der Ärger Sg. / _____
_____ Auflösung _____
_____ Gefühl _____
_____ Idiot _____
_____ Idiotin _____
_____ Konflikt _____
_____ Kritik _____

_____ Laune _____
_____ Sinn _____
_____ Sonnenschein _____
_____ Taschengeld _____
_____ Überraschung _____
_____ Wecker _____

Verben

anfangen _____
sich entschuldigen _____
holen _____
reagieren _____
unterhalten _____
sich verabreden _____

versuchen _____
wechseln _____
widersprechen _____
zerreißen _____
zurückgeben _____

Adjektive

ähnlich _____
hellwach _____
optimistisch _____
sauer _____

traurig _____
verrückt _____
witzig _____
wütend _____

Andere Wörter und Ausdrücke

ab und zu _____
Alles klar? _____
ganz okay _____
bis _____

okay _____
total gut drauf _____
Was ist denn los? _____
wenn _____

8 Ergänze die Sätze mit Nomen aus der Hitparade.

1. Ich habe das _____, dass Stefan mich nicht mehr liebt.
2. Silke ist manchmal richtig blöd und sie kann überhaupt keine _____ vertragen.
3. Tom, wenn du _____ mit Silke hast, dann rede mit ihr!
4. Elke hat schlechte _____, weil sie einen _____ mit ihren Eltern hat. Sie will mehr _____, aber ihre Eltern wollen nicht zahlen.
5. Wenn morgens mein _____ klingelt, bin ich immer noch total müde.

9 Ergänze Verben aus der Hitparade in der passenden Form.

1. Ich kann dir das Geld erst morgen _____, weil ich dann Taschengeld bekomme.
2. Kannst du mir 10 Euro _____? Ich brauche ein paar Münzen.
3. Mama, ich habe mich heute Mittag mit Lars _____. Ich komme dann erst heute Abend nach Hause.
4. Ich muss mich bei dir _____. Es tut mir leid, dass ich so sauer war.

10 Wichtige Sätze und Ausdrücke – Schreibe in deiner Sprache.

Ich bin total glücklich. _____

Was ist denn los? _____

Ich bin traurig, weil sie mich nicht mag. _____

Das stimmt doch gar nicht. _____

Ich habe gute Laune. _____

Wenn die Sonne scheint, bin ich immer gut drauf. _____

11 Wichtige Wörter und Sätze für *mich*.

Meine Sprache: Deutsch:

Einheit 10

Wie viele Fehler findest du?

Lies die Sätze. In jedem Abschnitt kannst du einen oder zwei Fehler finden.
Die Fehler passen immer zur Überschrift.

1. Personalpronomen

a) ● Gefällt dir die Schule? ○ Ja, meistens gefällt sie mir schon.
b) ● Wie gefällt euch mein Fahrrad? ○ Uns finden es super.
c) ● Kannst du mir helfen? ○ Klar, aber ich muss erst meine Hausaufgaben machen.

2. Präpositionen mit Akkusativ oder Dativ

a) ● Kommt ihr mit im Kino? ○ Nein, wir haben keine Zeit.
b) ● Im Sommer machen wir auf der Insel Rügen Ferien. ○ Super, da war ich schon.
c) ● Warst du schon auf den Stephansdom? ○ Nein, ich war noch nie in Wien.

3. Perfekt

a) ● Wann stehst du morgens auf? ○ Ganz verschieden. Gestern habe ich bis 10 geschlafen.
b) ● Habt ihr noch lange gefeiert? ○ Ja, Susi ist bis Mitternacht geblieben.
c) ● Was ist passiert? ○ Ich habe beim Skaten hingefallen.

4. Vergleiche (Komparativ)

a) Das Riesenrad „London Eye" ist großer als das im Wiener Prater.
b) Mein Bruder kann genauso gut Deutsch wie ich.
c) Ich spreche nicht so gut Deutsch als Englisch.

5. Nebensätze mit *weil* und *dass*

a) ● Warum bist du gestern nicht gekommen? ○ Weil ich meiner Mutter helfen musste.
b) Ich kann morgen nicht in die Schule, weil ich muss zum Arzt.
c) Till hat mir schon gesagt, dass du morgen nicht kommen kannst.

6. Possessivartikel im Dativ

a) ● Wie geht es deiner Schwester? ○ Gut, meiner Schwester geht es immer gut.
b) ● Darf ich mit deinen Füller schreiben? ○ Klar, nimm ihn.
c) ● Am Sonntag gehen wir mit unsere Eltern wandern. Kommt ihr mit? ○ Ja, gern, wohin geht ihr?

7. Nebensätze mit *wenn*

a) ● Kannst du mich anrufen, wenn du wieder zu Hause bist? ○ Klar, mach ich.
b) ● Ruft mich an, wenn ihr geht ins Schwimmbad. ○ Wieso? Es regnet doch.
c) ● Wenn du nicht anrufst, bin ich immer ganz traurig. ○ Ich liebe dich, wenn du sagst so etwas.

Bilder und Wörter

Diese Bilder kennst du aus den Einheiten 1–9. Welche Wörter und Ausdrücke fallen dir dazu ein?
Schreibe sie zu den Bildern oder ins Heft.

1.
2.
3.

dicke Freunde kennen

langweilig – interessant

4.
5.
6.

7.
8.
9.

Einheit 11

10

1 Wortschatz – Welche der 45 Wörter aus der Geschichte passen in die Sätze 1–18?

abwischen – anhören – aufsetzen – auspacken – Besucher – Büro – Bushaltestelle – deshalb – Ecke – eilig – entdecken – Fall – Genie – halbtags – herausfinden – hungrig – Internetcafé – Klub – lösen – Münzen – neugierig – pfeifen – putzen – Rätsel – rechnen – schauen – Schultasche – Spur – Täter – umdrehen – unglaublich – Verdacht – verdächtig – verliebt – vermuten – vorgestern – vorschlagen – während – Weile – wertvoll – wundern – wünschen – Zeile – Zeitungsbericht – zurückgeben

1. Herr Schmidt ist nach dem Unterricht immer _____g und muss ein Brot essen.
2. Einstein ist ein ____Genie____, _____b wollen alle mit ihm Mathe lernen.
3. Einsteins Vater arbeitet in einem _____o. Er schreibt Computerprogramme.
4. Herr Schmidt hat einen _____t. Vielleicht kann er das _____l lösen.
5. Für mich ist der _____l klar. Der _____r muss im Museum arbeiten. Das ist die heißeste _____r.
6. Um 17 Uhr müssen alle _____r das Museum verlassen.
7. Warum ist Olli so seltsam? Das will Einstein unbedingt _____n.
8. Olli hat sich in Jessica _____t und will ihr ein schönes Geschenk machen.
9. Die alten _____n sind sehr _____l.
10. Ich habe gestern einen _____t über einen Diebstahl gelesen. Nein, es war nicht gestern, es war _____n.
11. Meine Mutter arbeitet _____s bei einem Bäcker. Um 12 ist sie wieder zu Hause.
12. Ich muss am Montag in die Bibliothek und die Bücher _____n, weil ich sonst Strafe zahlen muss.
13. Ich weiß nicht, was los ist. Ich kann es nur _____n.
14. Nach der Stunde müsst ihr die Tafel _____n.
15. Meine _____e ist immer voll, weil ich immer so viele Bücher mitnehmen muss.
16. Willst du dein Geschenk nicht _____n? Ich hoffe, dass es dir gefällt.
17. Ich _____e mir zum Geburtstag einen neuen Computer.
18. Petra hat _____n, dass wir am Wochenende eine Fahrradtour machen.

11

2 Wiederholung: Perfekt

a Regelmäßig oder unregelmäßig? Markiere die unregelmäßigen Verben und notiere zu diesen die Perfektformen.

anfangen – anhören – aufhängen – beantworten – begründen – bekommen – berichten – beschreiben – besuchen – bitten – entschuldigen – erinnern – erlauben – frühstücken – gehen – gehören – gewinnen – grüßen – halten – helfen – holen – laufen – liegen – malen – mitmachen – nachdenken – putzen – rechnen – rennen – schicken – schreiben – setzen – stattfinden – stehen – tragen – träumen – überlegen – umsteigen – verabreden – verdienen – vergleichen – verkaufen – verlieren – versuchen – vertrauen – vorschlagen – wählen – wegnehmen – zurückbringen

hat angefangen, hat bekommen

b Wie heißen die Partizip-II-Formen von diesen Verben?

reservieren, fotografieren, kontrollieren _____

c Ergänze die Sätze mit den passenden Verben im Perfekt aus 2a.

1. Die Schule __hat__ gestern erst um 9 Uhr __angefangen__, weil die Lehrer vorher Konferenz hatten.
2. Am Wochenende _____ ich mich mit meinem Freund _____. Wir sind ins Kino gegangen.
3. Olli war immer ein guter Freund. Er _____ mir viel in Deutsch _____.
4. Ich _____ den Täter bei der Polizei genau _____. Er war 1,80 Meter groß und hatte lange, blonde Haare.
5. Ich _____ heute den ganzen Weg zur Schule _____, weil der Bus nicht gekommen ist.
6. Dr. Schmidt _____ Olli das Handy _____, weil es im Unterricht geklingelt hat.
7. Gestern _____ Olli mit Jessica ins Kino _____. Der Film war langweilig, aber das hat die beiden nicht gestört.
8. Früher _____ Petras Vater viel Geld _____, aber jetzt hat er keine Arbeit mehr.
9. Ich kann heute nicht skaten gehen. Meine Mutter _____ es nicht _____.
10. Letztes Jahr _____ ich immer 2Pack-T-Shirts _____, aber jetzt ist das total out.

3 Präteritum – Regelmäßige Verben und Modalverben. Ergänze die Verbendungen.

1. Gestern woll____ ich in die Stadt fahren, aber ich konn____ nicht, weil ich kein Geld hatte.
2. Einstein putz____ seine Brille und frag____: „Meinen Sie, dass wir die Polizei informieren müssen?"
3. Olli durf____ lange Zeit nicht mit Jessica zusammen sein. Seine Eltern erlaub____ es nicht.
4. Früher kauf____ man die Lebensmittel auf dem Markt, heute findet man fast alles im Supermarkt.
5. Meine Tanten schick____ mir früher immer Briefe. Heute telefonieren sie und ich schreibe E-Mails.

4 Präteritum – Unregelmäßige Verben

a Ergänze bei den unregelmäßigen Verben aus Aufgabe 2a die Präteritumformen.

anfangen, fing an
bekommen, bekam

b Einstein und die falsche Fährte: Zusammenfassung – Ergänze die Verben im Präteritum.

Einstein _____ (heißen) eigentlich Albert Neumann und _____ (sein) das Mathegenie in der Klasse. Eines Tages _____ (haben) er ein Problem. Sein Freund Olli _____ (benehmen) sich plötzlich so seltsam. Olli _____ (kommen) nicht zu einer Verabredung. Das _____ (machen) er sonst nie. Kurz danach _____ (sehen) er ihn aber, als er mit zwei Fremden ins Museum _____ (gehen). Am Tag danach _____ (lesen) Einstein in der Zeitung, dass wertvolle Münzen aus dem Museum weg _____ (sein). Er _____ (gehen) zu Dr. Schmidt und _____ (sprechen) mit ihm. Dr. Schmidt _____ (geben) Einstein den Tipp, dass er mit Olli sprechen soll. Aber Olli _____ (haben) wieder keine Zeit. Dr. Schmidt _____ (gehen) ins Museum und _____ (sprechen) mit dem Direktor. Er _____ (wollen) herausfinden, was dieser _____ (wissen). Dann _____ (sein) plötzlich alles klar. Die Münzen _____ (liegen) noch im Museum, als alle Besucher schon weg _____ (sein). Also _____ (können) es Olli nicht gewesen sein.

17

5 Der Fall ist gelöst – Eine Zeitungsmeldung

Kassel – Gestern Nachmittag verhaftete die Polizei einen 22-jährigen Studenten in Kasssel. In sei___ ___ Wohnung fa___ ___ die Pol___ ___ ___ ___ eine wert___ ___ ___ ___ Münzsammlung a___ ___ dem Stadt___ ___ ___ ___ ___ in Weimar. Der Ma___ ___ hatte Schu___ ___ ___ ___ und wol___ ___ ___ so se___ ___ neues Fahr___ ___ ___ bezahlen. D___ ___ Polizei beric___ ___ ___ ___ ___ ___, dass d___ ___ Tipp v___ ___ einem 13-jähr___ ___ ___ ___ Schüler k___ ___.

6 Präteritum und Perfekt. Ergänze die Verbformen.

Albert Neumann __lag__ im Bett und _____.	liegen/nachdenken
Olli _____ unschuldig. Aber woher _____ das Geld	sein/kommen
für das Geschenk? Und warum _____ Olli nicht mit ihm spre-	wollen
chen? Er _____ noch ein bisschen in seinem Krimi. Nach zwei	lesen
Seiten _____ er _____. Plötzlich _____	einschlafen/klingeln
das Telefon.	
● Hallo, Einstein!	
○ Hallo, Olli, was ist los? Weißt du, wie spät es ist?	
● Ja, entschuldige. Ich _____ dich einfach anrufen, es tut	müssen
mir leid, dass ich heute _____ _____. Aber ich	weglaufen
_____ Angst, dass du sauer bist.	haben
○ Ich? Sauer? Warum?	
● Du weißt, du bekommst noch 20 Euro von mir. Ich _____	bekommen
am Montag 30 Euro _____. Ich _____ für	machen
amerikanische Touristen eine Führung durch die Stadt	
_____ und ihnen das Museum _____.	zeigen
Ich _____ dir am Dienstag das Geld geben, aber dann	wollen
_____ ich ein Geschenk für Jessica _____.	kaufen

11 Wortschatz-Hitparade

Nomen

Pluralform / Deine Sprache

der Besucher −/
___ Besucherin
___ Büro
___ Bushaltestelle
___ Ecke
___ Fall
___ Genie
___ Journalist
___ Journalistin
___ Klub
___ Münze

___ Rätsel
___ Rhythmus
___ Schultasche
___ Spur
___ Täter
___ Täterin
___ Telefonat
___ Verdacht
___ Wiederholung
___ Zeitungsbericht

Verben

abwischen
anhören
aufsetzen
auspacken
einschlafen
entdecken

herausfinden
lösen
pfeifen
putzen
rechnen
schauen

umdrehen
vermuten
vorschlagen
sich wundern
wünschen

Adjektive

eilig
hungrig
neugierig

unglaublich
unschuldig
verdächtig

verliebt
wertvoll

Andere Wörter und Ausdrücke

deshalb
halbtags

vorgestern
während

7 Welche Verben passen zu den Bildern?

1.   2.   3.   4.   5.   6. schauen   7.   8.

8 Kreuzworträtsel

Waagrecht:
1. Damit trägst du deine Bücher in die Schule.
3. Hier halten die Busse.
4. Ein Raum zum Arbeiten. Hier stehen oft Computer.
5. Zum Tanzen braucht man Musik, die … hat.
6. Sie arbeitet bei einer Zeitung und schreibt Zeitungsartikel.
7. Euro gibt es in Scheinen und … (Sg.).
8. Lernen braucht vor allem …, immer und immer wieder.

Senkrecht:
2. Wenn man telefoniert, führt man ein …
4. Sie sind die Kunden im Museum.
5. Das löst du gerade.

9 Wichtige Sätze und Ausdrücke – Schreibe in deiner Sprache.

Ich glaube, dass er im Museum war. _____

Es kann sein, dass er die Münzen gestohlen hat. _____

Vielleicht hat er das Geld gebraucht. _____

10 Wichtige Wörter und Sätze für *mich*.

Meine Sprache:　　　　　　　　　　　Deutsch:

Einheit 12

3

1 Julians Zimmer – Ergänze die Präpositionen.

Also das ist mein Zimmer. Ich habe ein Zimmer ganz **für** mich allein. Wenn man ___ ___ mein Zimmer kommt, dann steht gleich links ___ ___ ___ ___ ___ ___ der Tür ein großer Schrank. ___ ___ dem Schrank habe ich meine Kleider und meine Sportsachen. Links ___ ___ ___ ___ ___ dem Schrank steht mein Computertisch und daneben ___ ___ der Ecke steht mein Schreibtisch. Ich sitze aber meistens ___ ___ ___ dem Computer ___ ___ ___ meinem Schreibtischstuhl. ___ ___ ___ dem Boden steht noch mein Papierkorb.

Wenn ich lesen will oder wenn ich Musik höre, dann sitze ich immer ___ ___ ___ meinem Lieblingsplatz. Das ist ein gelber Sessel. Rechts ___ ___ der Wand gibt es noch eine braune Kommode ___ ___ ___ vielen Schubladen. Da sind viele alte Spielsachen, Computerspiele, Disketten, CDs usw. drin. Und ___ ___ ___ der Kommode steht meine Stereoanlage!

___ ___ ___ dem Fenster steht mein Bett. Es hat eine grüne Matratze.

___ ___ der anderen Wand ___ ___ ___ ___ ___ ___ ___ ___ ___ habe ich noch ein Regal ___ ___ ___ Büchern, Bildern und ein paar Sportsachen und ___ ___ Regal hängen viele Poster. ___ ___ ___ dem Regal steht mein Fernseher. Überall ___ ___ den Wänden habe ich Poster, Fotos und Bilder aufgehängt.

___ ___ ___ dem Boden liegt ein hellbrauner Teppich. ___ ___ der Mitte ___ ___ der Decke hängt eine Lampe. Über meinem Schreibtisch hängt an der Wand mein erstes Skateboard – aber das ist jetzt schon lange kaputt.

am – an – an – An – Auf – auf – auf – Auf – auf – auf – auf – Auf – für – gegenüber – hinter – In – in – In – in – mit – mit – neben – vor – Vor – vor – vor –

2 Einen Raum beschreiben – Ergänze passende Nomen und Verben.

1. Julians Schrank _____ neben dem _____ an der _____.
2. Auf dem _____ _____ ein brauner Teppich.
3. An den _____ _____ viele Poster. An der _____ _____ eine Lampe.
4. Der Computer steht auf dem _____, der Bildschirm auf dem _____.

7

3 Präpositionen mit Akkusativ → oder Dativ ●

a Schreibe die Präpositionen zu den Mäusen 1–9.

zwischen – vor – auf – auf – unter – hinter – in – in – neben

b Entscheide bei jedem Verb: Ort ● oder Richtung →

c Ergänze die Sätze.

1. Die erste Maus sitzt [●] auf __dem__ Kühlschrank. Sie will __von__ __dem__ Kühlschrank (der) springen [→].
2. Die zweite Maus steht [ ] _____ _____ Tisch (der) und _____ Kühlschrank.
3. Die dritte Maus hat sich _____ _____ Tisch versteckt [ ]. Gleich läuft [ ] sie _____ _____ den Kühlschrank.
4. Die vierte Maus springt [ ] gerade _____ _____ Tisch.
5. Die fünfte Maus sitzt [ ] noch _____ Kühlschrank. Gleich springt [ ] sie _____ _____ Boden (der).
6. Die sechste Maus liegt [ ] _____ _____ Glasschüssel (die) und schläft.
7. Die siebte Maus ist gerade _____ _____ Kühlschrank gelaufen [ ].
8. Die achte Maus hat sich _____ _____ Kühlschrank gesetzt [ ] und beobachtet alles.

auf dem – auf den – auf den – vor den – in der – hinter den – hinter den – von dem – zwischen dem – unter dem – im

12

4 Die Umräumaktion – Markiere zuerst Richtung → oder Ort ● und schreibe dann die Sätze.

1. ● Mein Bett steht _____ (die Wand / an)
2. → Ich will mein Bett _____ (stellen / das Fenster / unter)
3.   Der Schreibtisch steht _____ (die Tür / neben)
4.   Ich will den Schreibtisch _____ (das Bett / stellen / neben)
5.   Meine Poster hängen _____ (die Wand / an)
6.   Ich will die Bilder _____ (die Wand / hängen / an)
7.   Der blaue Teppich liegt _____ (der Boden / auf)
8.   Ich will einen grünen Teppich _____ (der Boden / legen / auf)
9.   Mein Computer steht _____ (mein Schreibtisch / auf)
10.   Ich will den Computer _____ (der Schreibtisch / stellen / unter)

5 Wiederholung – Diese Präpositionen haben immer Dativ.

a Ergänze den Merkvers.

Von
Au_____
n_____
V_____ fährst
_____ du.

b Ergänze die Präpositionen und die Artikel.

mit – bei – ~~aus~~ – nach – von – seit – zu

1. Kannst du mir bitte den Pullover __aus__ mein__em__ Schrank geben?
2. Deine Hemden liegen _____ dein_____ Strümpfen in der Kommode.
3. _____ d_____ Essen muss ich mein Zimmer putzen. Danach hab ich Zeit.
4. _____ so ein_____ Hemd kann ich nicht in die Schule gehen. Da lachen ja alle!
5. Ich habe _____ mein____ Freund ein tolles Parfum bekommen. Er ist so lieb!
6. _____ ich mein____ Schwester mein altes Fahrrad gegeben habe, fährt sie jeden Tag damit.
7. Am Sonntag gehe ich oft _____ mein_____ Oma und spiele Tischtennis im Garten.

6 Nebensätze: Relativsätze

a Was passt zusammen?

1. Wir wohnen im einem Altbau,
2. Ich habe ein großes Zimmer,
3. Alexa wohnt in einer Mietwohnung,
4. Elins Fachwerkhaus,
5. Mein Bruder hat einen Fotoapparat,

____ a) das (A) ich jede Woche aufräumen und putzen muss.
____ b) das (N) ihr Vater renoviert hat, ist sehr gemütlich.
____ c) den (A) ich manchmal auch verwenden darf.
_1_ d) der (N) direkt an einer Hauptstraße liegt.
____ e) die (N) einen Balkon zum Hof hat.

b Schreibe zu den Sätzen in 6a je zwei Hauptsätze wie im Beispiel.

Wir wohnen in einem Altbau. Er / Der Altbau liegt direkt an einer Hauptstraße.

7 Informationen verbinden – Ordne a–h und 1–8 zu. Schreibe die Sätze.

1. Unsere Nachbarn, [g] sind sehr nett.
2. Mein Onkel wohnt in einem Bauernhof, [ ] .
3. Ist die Katze, [ ] lieb?
4. Ich hab bei eBay einen Computer gefunden, [ ].
5. Einstein, [ ] macht sich Sorgen um ihn.
6. Wie gefällt dir der rote Schal, [ ]?
7. Die Bluse, [ ] habe ich heute zurückgebracht.
8. Die Reise nach Wien, [ ] war super.

a) den er selbst renoviert hat
b) der nur 100 Euro gekostet hat
c) die ich mir gekauft habe,
d) den Miri mir geschenkt hat,
e) die du jetzt hast,
f) der Olli sehr mag,
g) die auch zwei Kinder haben,
h) die wir letztes Jahr gemacht haben,

Unsere Nachbarn, die auch zwei Kinder haben, sind sehr nett.

8 Definitionen – Wer oder was ist das?

1. ein Büroraum, der in der Wohnung ist — *das Arbeitszimmer*
2. ein Haus auf dem Land, das früher Bauern bewohnten
3. ein Gebäude, das nicht mehr neu ist
4. Geld, das man für die Wohnung monatlich bezahlt
5. ein Raum, der zum Kochen da ist
6. ein Teil in der Wohnung, den man nur im Sommer benutzt
7. ein Möbelstück, das zum Sitzen am Schreibtisch da ist
8. Personen, die ganz in der Nähe wohnen

Wortschatz-Hitparade

Nomen

Pluralform / Deine Sprache

das Arbeitszimmer -/ _____
____ Bad _____
____ Balkon _____
____ Chaos _____
____ Flur _____
____ Hauptstraße _____
____ Hausbesitzer _____
____ Hausbesitzerin _____
____ Hochhaus _____
____ Hof _____
____ Keller _____
____ Kinderzimmer _____
____ Küche _____
____ Matratze _____

____ Miete _____
____ Möbelstück _____
____ Platz Sg. _____
____ Quadratmeter _____
____ Regal _____
____ Schlafzimmer _____
____ Schrank _____
____ Schreibtisch _____
____ Sessel _____
____ Stock _____
____ Student _____
____ Studentin _____
____ Tapete _____
____ Wohnung _____

Verben

hängen _____
legen _____
leihen _____
liegen _____

renovieren _____
setzen _____
stellen _____
umziehen _____

verstecken _____
vorbeifahren _____
vorstellen _____
zusammenfassen _____

Adjektive

direkt _____
nett _____

Andere Wörter und Ausdrücke

an der Wand _____
am Fenster _____
auf dem Boden _____
hinter dem Schrank _____
in der Kommode _____

im Schrank _____
neben der Tür _____
unter dem Bett _____
vor dem Fenster _____
zwischen Schreibtisch und Sessel _____

9 Ein Zimmer – Wie viele Wörter kennst du? Notiere mit Artikel.

10 Ergänze die Sätze mit Ausdrücken aus der Hitparade.

1. Der Schrank steht _____.
2. _____ liegt ein Teppich.
3. _____ steht ein Schreibtisch.
4. _____ liegen Sachen.
5. _____ steht ein Regal.
6. Ein Tisch steht _____.

11 Wichtige Sätze und Ausdrücke – Schreibe in deiner Sprache.

Ich wohne in einem Hochhaus. _____

Unsere Wohnung ist klein, aber gemütlich. _____

Der Student, der über uns wohnt, ist Musiker. _____

Schau, hier steht der Sessel, den ich von Oma habe. _____

Wie heißt der Lehrer, der immer zu Fuß kommt? _____

Häng bitte deine Kleider in den Schrank. _____

12 Wichtige Wörter und Sätze für *mich*.

Meine Sprache: Deutsch:

Einheit 13

1 Über Taschengeld sprechen – Ergänze den Text.

Wie viel Geld Jugendliche heute zur Verfügung haben, ist sehr verschieden. Markus findet, da__ __ 15 Euro im Mo__ __ __ zu wenig si__ __. Er hätte ge__ __ 20. Alle anderen Jugend__ __ __ __ __ __ bekommen mehr als er, me__ __ __ er. Manchmal arbe__ __ __ __ __ er und verd__ __ __ __ __ etwas Geld da__ __.

Manuel hat ke__ __ __ Probleme mit d__ __ Geld. Wenn er i__ __ Kino geht, beza__ __ __ __ seine Eltern. F__ __ die Schulsachen zah__ __ __ sie auch. Des__ __ __ __ spart er d__ __ meiste Geld, d__ __ er von sei__ __ __ Eltern bekommt.

Monika bekommt von ih__ __ __ Eltern zwölf Eu__ __ monatlich. Für gu__ __ Noten bekommt s__ __ auch etwas. Des__ __ __ __ reicht ihr Tasch__ __ __ __ __ __ meistens.

Kerstins Va__ __ __ ist seit se__ __ __ __ Monaten arbeitslos. D__ __ Geld, das s__ __ von ihren Elt__ __ __ bekommt, ist zu we__ __ __. Deshalb hilft s__ __ mit ihrem Bru__ __ __ ab Freitagabend in ei__ __ __ Supermarkt aufräumen, sau__ __ __ machen usw. D__ bekommen sie 15 Eu__ __ pro Person. Das brauchen sie auch für Schulsachen, Kulis und Bleistifte.

2 Zwei Meinungen von Eltern – Ergänze die fehlenden Wörter.

Zimmer – bekommt – Extras – finde – Geld – glaube – Oma – Taschengeld – viel – wenig – Wochenende – zahlen – Tag

1. Also, ich ___finde___, mein Sohn bekommt genug _____. Die _____, wie Kinokarten, zahlen wir auch noch. Außerdem geht er am _____ manchmal zu seiner _____. Dann klagt er, wie _____ Geld er hat, und dann _____ er meistens noch was extra.

2. Na ja, sie bekommt nicht sehr _____, aber wir _____ ja viele Sachen extra. Ich _____, sie gibt gar nicht ihr ganzes _____ aus. Sie sitzt den ganzen _____ in ihrem _____ und lernt.

3 Über Konsequenzen sprechen

a Verbinde die Sätze mit *deshalb* und markiere die Subjekte und Verben.

1. Viele Jugendliche arbeiten in der Freizeit.　　Sie haben zu wenig Zeit zum Lernen.
2. Erich ist schlecht in der Schule.　　Er bekommt Nachhilfe.
3. Kerstins Eltern verdienen nicht gut.　　Sie bekommt kein Taschengeld.
4. Peters Mutter arbeitet den ganzen Tag.　　Peter muss im Haushalt helfen.
5. Viele Jugendliche telefonieren zu viel.　　Sie sind immer pleite.
6. Mit 13 darf man offiziell noch nicht arbeiten.　　Ich helfe meiner Oma und bekomme dafür Geld.
7. Handykarten sind sehr teuer.　　Ich habe kein Handy mehr.
8. Am Montag ist Kino billiger.　　Wir gehen immer montags ins Kino.

1. Viele Jugendliche arbeiten, deshalb haben sie zu wenig Zeit zum Lernen.

b Gründe benennen – Schreibe die Sätze 1–8 mit *weil* und markiere die Verben im *weil*-Satz.

Viele Jugendliche haben zu wenig Zeit zum Lernen, weil sie in der Freizeit arbeiten.
Erich bekommt Nachhilfe ...

4 Wiederholung: Nebensätze mit *weil*, *dass* oder *wenn* – Ergänze die Konjunktionen und markiere die Verben.

1. Viele Eltern sind der Meinung, _____ ihre Kinder zu viel Geld für Handys ausgeben.
2. Kerstin braucht viel weniger Geld, _____ sie mal einen Monat keine Handykarte kauft.
3. Rolf muss Geld verdienen, _____ er ein teures Hobby hat.
4. Dieter spart sein Taschengeld, _____ er seinen Freund in den USA besuchen will.
5. Tina benutzt ihr Handy nur dann, _____ ihre Oma eine Handykarte bezahlt.
6. Ricke ist schlecht in der Schule, _____ sie keine Lust zum Lernen hat.
7. Britta weiß schon jetzt, _____ sie nach der Schule eine Schreinerlehre macht.

13

14

5 *Wofür / Für wen* – Schreibe die passende Frage und die Antwort wie im Beispiel.

1. sparen → ein Skateboard
2. malen / Bild → mein Freund
3. lernen → Deutschtest
4. schreiben / das Gedicht → meine Mutter
5. trainieren → der Schulsporttag
6. Zeitung austragen → die Firma Klein
7. brauchen / das Lineal → Mathe
8. lesen / der Text → der Deutschunterricht

Wofür sparst du?   *Für ein Skateboard.*
Für wen ...   *Für*

16

6 Über Zeit sprechen – Schreibe die Sätze mit den passenden Präpositionen. Es gibt zum Teil mehrere Möglichkeiten. Das Wort, vor das die Präposition kommt, haben wir markiert.

am – ~~bis~~ – nach – seit – von ... bis – vor – um

1. ich / in der Woche / aufbleiben / dürfen / **zehn** Uhr
2. **31.** Juli / die Ferien beginnen
3. ich / **die** Schule / die Hausaufgaben / machen / gleich
4. ich / samstags / fernsehen / **Mitternacht**
5. wir / **2005** / wohnen / in Pisa
6. Peter / samstags / **10–12** Uhr / Zeitungen austragen
7. **Samstag** / Ilona / Geburtstagsparty / machen
8. die Party / anfangen / **19** Uhr
9. ich / **die** Party / meinen Freund / treffen
10. **Sonntag** / ich / Tennis spielen / immer

1. In der Woche darf ich **bis zehn** *Uhr aufbleiben.*
2. Die Ferien

18

7 Die SMS-Katastrophe – Bei etwa jedem zweiten Wort fehlt die Hälfte. Ergänze den Text.

Alice kommt aus der Schule nach Hause. Wenig Hausau_____. Schönes Wet____, langes Woche_____. Alles im grü___ Bereich. A__ sie d__ Wohnungstür aufm_____, merkt s__, dass et___ faul i__. Ihr Va____ sitzt am Küche_____ und sch____ sie wüt____ an. Be___ sie et____ sagen ka___, platzt er u__ hält i__ den Br____ vor d__ Nase: „W__ denkst du d__ eigentlich! Bi__ du wahns_____ geworden? Sc____ dir d__ mal an! De___ Mutter u__ ich, w__ legen u__ den gan____ Tag krumm für di__ und uns____ Tochter h__ nichts Bess_____ zu t__, als m__ Gott u__ der We__ zu telefo_____. Internationale Telef_____, 1000 SMS, kan____ du m__ das erkl_____?!" Alice kapiert langsam. D__ Telefonrechnung. S__ wird weiß im Ges_____, als s__ auf d__ Zahlen sch____. 898 SMS v__ 8.1. bis z__ 7. 2. Auweia! I__ Vater i__ in Fahrt. „Glaubst du de__, ich ka__ das Ge__ selber dru_____? 146 Euro! D__ ist me__ als e__ halbes Ja__ Taschengeld. W__ willst du d__ bezahlen?" Normalerweise fällt ihr da ein Witz ein. Ihr Vater arbeitet in einer Druckerei. Aber das ist nicht der richtige Moment für Witze. „Bitte, Papa, reg dich nicht auf."

20

8 Ausreden erfinden

a Was passt zusammen?

1. Entschuldigung, Papa, aber
2. Ich hab gar nicht gemerkt,
3. Ich weiß, was passiert ist.
4. Tut mir leid, ich passe
5. Weißt du Papa, ich hab

a) zurzeit Probleme mit meinem Freund und da hab ich ganz viel …
b) im nächsten Monat ganz bestimmt auf. In der ersten Woche …
c) Letzte Woche war mein Handy weg und nach zwei Tagen plötzlich wieder in meiner Schultasche. Ich glaube, dass …
d) ich kann das bezahlen, ich hab ja noch Geld auf meinem Konto.
e) dass ich so viel telefoniert habe. Vielleicht hat jemand …

b Schreibe die Ausreden/Entschuldigungen weiter.

… telefoniert. Ich hab mit ihm gesprochen und mit meiner Freundin Ute und da hab ich manchmal ganz vergessen, was das kostet.

13

Wortschatz-Hitparade

Nomen

Pluralform / Deine Sprache

die Ausrede -n / _____
____ Belohnung _____
____ Betrag _____
____ Einkauf _____
____ Eisdiele _____
____ Fahrt _____
____ Feuer _____
____ Freitagabend _____
____ Geschäft _____
____ Gott _____
____ Göttin _____
____ Haushalt _____
____ Jugendzeitschrift _____
____ Kinokarte _____

____ Konsequenz _____
____ Konto _____
____ Kredit _____
____ Papa _____
____ Preisliste _____
____ Schulbus _____
____ Schuljahr _____
____ Schulsachen _____
____ Sommerferien _____
____ Strafe _____
____ Supermarkt _____
____ Süßigkeit _____
____ Telefonrechnung _____
____ Zeitungsanzeige _____

Verben

anstrengen _____
aufregen _____
ausgeben _____
austauschen _____

beruhigen _____
bezahlen _____
drucken _____
einsammeln _____

pleite sein _____
sauber machen _____
sparen _____
stoppen _____

Adjektive

anonym _____
arbeitslos _____
faul _____
jährlich _____

komplett _____
monatlich _____
privat _____
unzufrieden _____

wahnsinnig _____
wahr _____
wöchentlich _____
wütend _____

Andere Wörter und Ausdrücke

bevor sie etwas sagen kann _____
seit drei Jahren _____
seit 2004 _____

tut mir leid _____
vor zehn Uhr _____
um zehn Uhr _____

9 Ergänze die Sätze mit passenden Verben aus der Hitparade in der richtigen Form.

1. Wenn du so viel telefonierst, kannst du kein Geld für ein neues Fahrrad _____.
2. Ich muss jetzt deine Rechnung _____.
3. Das r_____ mich a_____.
4. Aber Papa, _____ dich doch! Ich _____ ja nicht total _____. Ich habe Geld auf meinem Konto.
5. Ich produziere zwar Bücher, aber ich kann doch kein Geld _____.
6. Ich kann ja ein Jahr lang kostenlos dein Auto _____.

10 Silbenrätsel – Mit diesen Silben kannst du 15 Nomen aus der Hitparade bilden. Schreibe sie mit Artikel auf.

an	Be	bus	chen	dit	en	fe	fon	Ge	ge	gend
halt	Haus	jahr	Ju	kar	keit	Ki	Kon	Kre	le	loh
markt	mer	no	nung	nung	rech	ri	sa	schäft	schrift	Schul
Schul	Schul	Som	ßig	Sü	Super	Te	te	to	ungs	zei
zeit	Zeit									

die Belohnung

11 Wichtige Sätze und Ausdrücke – Schreibe in deiner Sprache.

Ich bekomme nicht genug Taschengeld. _____

Deshalb arbeite ich samstags in einem Supermarkt. _____

Ein Handy ist für mich wichtig. _____

Wofür gibst du dein Geld aus? – Für mein Hobby. _____

Für wen hast du das Geschenk gekauft? – Für Inge. _____

Das tut mir leid. Entschuldige bitte! _____

12 Wichtige Wörter und Sätze für *mich*.

Meine Sprache:

Deutsch:

Einheit 14

3

1 Zu Besuch in Deutschland – Ergänze die fehlenden Wörter. ↓

Anna-Maria: Alle können in meiner ___Gastfamilie___ essen, wann sie wollen. Aber manche essen auch zusammen. Zum F_____ gibt es viele leckere Sachen, aber a_____ essen die Deutschen nur kalt. Und alle essen B_____. Ach so, und beim Essen kommt alles auf einen T_____. Ich finde das komisch.

In der Wohnung ist mir a_____, dass es sehr d_____ Bettdecken gibt. Wenn es kalt ist, ist das sehr gemütlich, aber im S_____ ist das zu warm. Und in vielen Z_____ gibt es Teppichboden. Ich liebe Teppich! …

Iwan: Die Stadt ist sehr sauber und es gibt viel G_____, viele Parks. Viele Deutsche mögen die N_____. Das gefällt mir sehr. Auf der Straße sind viele Leute nicht so f_____, nur manche lachen oder lächeln. Aber p_____ und zu Hause sind alle sehr nett. Kein Problem. Ich finde es i_____, dass in Deutschland so viele A_____ leben. Das habe ich nicht g_____. Manche können zwei oder drei S_____ sehr gut sprechen. Ich finde das toll …

Ösgün: … auf dem S_____ gehen die Schüler Arm in Arm. Das ist ganz n_____. Ich finde es gut, dass viele Lehrer hier nicht so s_____ sind. Die E_____ sind auch nicht so streng. Z.B. gehen viele J_____ abends aus. Ich gehe auch mit. Aber ich muss f_____ nach Hause. Ich f_____ das aber okay. Leider ist das W_____ hier nicht so schön. Es regnet oft und der Sommer ist ziemlich k_____ …

abends – aufgefallen – Ausländer – Brot – dicke – Eltern – freundlich – früher – Frühstück – Gastfamilie – gedacht – Grün – interessant – Jugendliche – kalt – Natur – normal – privat – Schulhof – Sommer – Sprachen – streng – Teller – Wetter – Zimmern

5

2 Indefinita – Welche Indefinita passen zusammen? Schreibe sie zu den Bildern.

alle – etwas – ~~jemand~~ – manche – nichts – niemand – viele

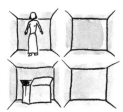

jemand _____ ←→ _____   a_____ → _____ → _____

e_____ ←→ _____

3 Wähle die passenden Indefinita und schreibe die Sätze.

1. kennt / vom Sekretariat / die Telefonnummer / ? (jemand/niemand)
   Kennt jemand die _____

2. kannst / Brot geben / du mir / ? (nichts/etwas)

3. Freunde von mir / drei Sprachen / sprechen (etwas/manche)

4. kommen / unpünktlich / zu Einladungen / auch in Deutschland (manche/jemand)

5. ich habe / morgen / Zeit. Kommst du mit ins Schwimmbad? (etwas/nichts)

6. Deutsche / abends / kalt / essen (viele/niemand)

4 Aussagen über Deutschland – Ergänze den Text.

In Deutschland leben viele Ausländer. Auf d__ __ Straße ka__ __ man viele Mens__ __ __ __ sehen u__ __ hören, d__ __ verschiedene Spra__ __ __ __ sprechen. Es gi__ __ bestimmt 100 Sor__ __ __ Brot. Ab__ __ warm es__ __ die Deut__ __ __ __ __ __ nur ein__ __ __ am T__ __. Auch d__ __ Schule i__ __ anders: M__ __ muss fr__ __ aufstehen. D__ __ Schule fä__ __ __ __ oft sc__ __ __ __ um 8.00 U__ __ oder so__ __ __ früher an! Nie__ __ __ __ __ muss aufs__ __ __ __ __ __, wenn d__ __ Lehrer ko__ __ __ __. In ein__ __ __ __ __ Schulen gi__ __ es ei__ __ Cafeteria. Da ge__ __ __ manche Sch__ __ __ __ __ in d__ __ Pause h__, weil m__ etwas es__ __ oder tri__ __ __ __ kann. Da__ muss m__ __ aber beza__ __ __ __ __. Um 13 U__ __ ist d__ __ Schule meis__ __ __ __ __ zu En__ __. Man ka__ __ in Deuts__ __ __ __ __ __ __ schnell v__ __ Stadt zu St__ __ __ __ reisen. Ab__ __ man mu__ __ beim Rei__ __ __ __ immer ei__ __ Jacke mitn__ __ __ __ __ __. Am Mor__ __ __ __ kann d__ __ Sonne sche__ __ __ __ __ und dann regnet es plötzlich und wird kalt.

14

5 Kreuzworträtsel

Waagrecht:
4. Wer fremde Länder kennen lernen will, muss …
7. Das deutsche Brot ist super, das musst du unbedingt …
10. Um 13 Uhr ist in Deutschland meistens …
14. Jedes Land hat seine eigene … und seine Traditionen.
15. Viele halten die … für etwas typisch Deutsches. Stimmt aber gar nicht.
19. In Deutschland tragen die Schüler keine …

Senkrecht:
1. Deutsches Brot schmeckt echt …
2. Manchmal kennt man die Sprache gut, aber es gibt ein …, weil man die Kultur nicht gut genug kennt.
3. In Spanien und Schweden gibt es einen, in England ist es eine Frau und in Holland auch. In Deutschland gibt es keinen und in Frankreich z.B. auch nicht.
5. Viele Deutsche sind in einem … Man trifft sich zum Sport, zum Singen oder um andere Hobbys gemeinsam zu machen.
6. Ich kenne mich hier nicht aus. Ich bin hier …
8. Wir müssen uns …, der Bus fährt gleich ab.
9. Ich bin heute eingeladen. Muss man als … etwas mitbringen?
11. Mach schnell, die … fährt fast immer pünktlich ab.
12. In Deutschland sind die Lehrer nicht so … , meinen manche Austauschschüler.
13. Sie ist nicht aus Deutschland, sie ist …
16. Wollen wir …? Ich geb dir meinen Kuli und du mir deinen.
17. In den deutschen Städten ist der … zum Teil sehr stark. Es gibt zu viele Autos.
18. Halt, halt, die … ist rot. In Deutschland musst du da stehen bleiben.

10

6 Indirekte Fragesätze – Schreibe die Fragen.

Können Sie mir bitte sagen, __wie viel Uhr es ist__ ?	wie viel Uhr / es / sein
Wissen Sie, _____?	wo / Rathaus / sein
Können Sie mir erklären, _____?	wie / zum Bus / kommen
Haben Sie verstanden, _____?	wann / der Zug / fahren
Hast du eine Ahnung, _____?	wo / Herr Schmidt / sein
Weißt du, _____?	wo / Mozart / gelebt / haben
Kannst du mir erklären, _____?	was / ein Nebensatz / sein
Hast du verstanden, _____?	warum / der Computer / funktionieren / nicht
Ich frage mich, _____.	wer / die Matheaufgabe / verstehen
Ich möchte gerne wissen, _____.	welche / Deutschnote / ich / bekommen
Peter hat gefragt, _____.	was / die Hauptstadt von Österreich / sein
Susanne fragt sich, _____.	wer / die Freundin von Peter / jetzt / sein
Wir fragen uns, _____.	warum / so viel / wir / lernen / müssen
Wir möchten gerne wissen, _____.	wann / wir / nach Hause / dürfen
Ich hätten gerne gewusst, _____.	wie viel / dein Handy / gekostet / haben

7 Europawetter – Ergänze die Sätze.

1. In London ist es __bewölkt__, aber nicht sehr _____ für den Winter. Nur 11 _____.
2. In Lissabon _____ die Sonne.
3. In Stockholm ist es richtig _____, _____ 7 Grad.
4. In Kiew _____ es.
5. Auf den Kanaren ist es für den Winter ziemlich _____, immerhin 22 Grad.
6. In Paris _____ es.

minus – regnet – bewölkt – warm – kalt – schneit – kalt – scheint – Grad

14

Wortschatz-Hitparade

Nomen

Pluralform / Deine Sprache

die Ampel -n/
___ Atlas
___ Ausländer
___ Ausländerin
___ Austauschschüler
___ Austauschschülerin
___ Beobachtung
___ Bundesland
___ Eindruck
___ Gast
___ Gebäude
___ Grad
___ Jahreszeit
___ Klo

___ König
___ Königin
___ Kultur
___ Missverständnis
___ Projekt
___ Pünktlichkeit
___ Schulschluss Sg.
___ Schuluniform
___ Straßenbahn
___ Verein
___ Verkehr
___ Vermutung
___ Wetterkarte

Verben

auffallen
beeilen (t sich)
einfallen
probieren
reisen

schneien
stellen
tauschen
untergehen
vermissen

Adjektive

bedeckt
bewölkt
fremd
lecker

spontan
streng
windig

Andere Wörter und Ausdrücke

Es regnet.
Es schneit.
Es ist bewölkt.
Es ist kühl.

Es ist kalt.
Es ist warm.
Es ist heiß.
Es sind nur 2 Grad.

8 Ergänze die Sätze mit Wörtern aus der Hitparade in der richtigen Form.

1. Die Bundesrepublik Deutschland hat 16 _____.
2. ● Wo liegt Sri Lanka?   ○ Keine Ahnung. Schau doch mal im _____ nach.
3. ● Wie kommst du zur Schule?   ○ Immer mit der _____.
4. Hej, die _____ ist rot. Auch Fahrradfahrer müsssen halten!
5. Deutsches Brot finde ich sehr _____. Ich esse es wirklich gern.
6. Deutsches Brot musst du unbedingt _____. Es schmeckt super.
7. Die englische _____ heißt Queen Elizabeth.
8. Meine liebste _____ ist der Frühling. Da ist es noch nicht so heiß.
9. Meine Eltern waren sehr _____, ich durfte nie abends weg.
10. An der Nordsee ist es fast immer ziemlich _____. Deshalb ist die Luft so gut.
11. Viele Deutsche sind Mitglied in einem _____.
12. Dirk, du musst dich _____! Wir kommen zu spät! Für meine Mutter ist _____ sehr wichtig.

9 Wichtige Sätze und Ausdrücke – Schreibe in deiner Sprache.

Viele Deutsche essen gerne Brot. _____

Kannst du mir sagen, wo das Museum ist? _____

Ich weiß nicht, warum wir so viel lernen müssen. _____

Ich frage mich, wann endlich der Frühling kommt. _____

Weißt du, wie lange das Wetter noch so schlecht bleibt? _____

Morgen scheint wieder die Sonne. _____

10 Wichtige Wörter und Sätze für *mich*.

Meine Sprache: Deutsch:

Einheit 15

Lach mal wieder!

Abiturprüfung in Biologie. Der Prüfer deutet auf einen halb bedeckten Käfig, in dem nur die Beine eines Vogels zu sehen sind. Er fragt: „Wie heißt dieser Vogel?" „Weiß ich nicht." „Ihren Namen bitte!"
Da zieht der Student seine Hosenbeine hoch: „Raten Sie mal!"

Fragt der Lehrer: „Was ist die Vergangenheitsform von ‚Der Mensch denkt und Gott lenkt.'?
Darauf ein Schüler: „Der Mensch dachte und Gott lachte."

„Wie war's in Italien? Hast du Schwierigkeiten mit der Sprache gehabt?"
„Ich nicht. Aber die Italiener."

Helmut und Heini aus Hamburg fahren im Fahrstuhl in einem Münchner Hochhaus. Steigt ein Bayer im sechsten Stock zu und sagt: „Grüß Gott!" Die beiden etwas verdutzt: „Na ja, so hoch fahren wir nun auch wieder nicht!"

Eine Frau und ein Mann sitzen auf einer Parkbank. Sie isst Apfelkerne. Fragt er: „Warum tun Sie das?" Darauf antwortet die Frau: „Wissen Sie nicht, dass Apfelkerne klüger machen?" Fragt der Mann: „Darf ich mal probieren?" „5 Euro bitte." Er bezahlt und probiert es. Dann schreit er auf und sagt: „Hey, mit 5 Euro hätte ich mehrere Kilo Äpfel kaufen können!" Sagt sie lachend: „Sehen Sie, es wirkt schon!"

Im Kurort sagt ein Einheimischer zu einem Gast: „Das Klima hier ist ausgezeichnet. Als ich hier ankam, konnte ich nicht sprechen, nicht laufen und hatte keine Haare."
„Donnerwetter, wie lange wohnen Sie denn schon hier?" „Seit meiner Geburt."

Der Optimist: „Das Glas ist halb voll." Der Pessimist: „Das Glas ist halb leer." Der Ingenieur: „Das Glas ist doppelt so groß, wie es sein müsste."

Lust auf Lesen

Ein schöner Frühlingstag
von Uli Wetz

Ein schöner Frühlingstag. Die Schule ist aus. Tonio und Lisa gehen zusammen nach Hause, sie wohnen in derselben Straße, nicht weit von der Schule. Sie sind beide fünfzehn. Tonio mag Lisa, aber er hat es ihr nicht gesagt. Er findet sich selbst nicht schön. Er hat blonde Haare, aber er findet schwarze Haare viel schöner. Und Lisa mag Tonio, aber sie hat es ihm auch nicht gesagt. Denn sie findet sich selbst auch nicht schön. Sie hat schwarze Haare, aber sie findet blonde Haare viel schöner.

Sie sprechen über die Hausaufgaben. Schon wieder so viele heute! Da klingelt das Handy von Tonio. Er zieht es aus der linken Jeanstasche heraus und will sich melden, da rutscht es ihm aus der Hand und fällt zu Boden. Der Deckel springt ab. Schnell bücken sich beide gleichzeitig nach dem Handy. Sie stoßen mit den Schultern und den Köpfen ein bisschen zusammen. „Oh!", sagen sie beide. Lisa nimmt das Handy und den Deckel und setzt sie wieder zusammen. Sie gibt Tonio das Handy. „Oh, danke", sagt Tonio. Lisa sagt: „Hoffentlich ist es nicht kaputt!" Tonio sagt: „Ich glaube nicht. Aber gib mir doch mal deine Nummer!" Lisa sagt ihm ihre Handynummer, und Tonio wählt die Nummer. Lisa hat ihr Handy schon in der Hand, es klingelt jetzt. Sie meldet sich: „Hier Lisa!" Tonio meldet sich: „Hier Tonio!" Pause. Dann sagt er: „Was meinst du, wollen wir ein Eis essen gehen?" Pause. Dann sagt Lisa: „Gern! Aber bitte nach den Hausaufgaben. Sonst werd ich so nervös!" Tonio sagt: „Okay, das geht mir auch so. Rufst du mich an?" Lisa sagt: „Okay, ich ruf dich an!" Und sie gehen weiter, nach Hause. Sie sind beide plötzlich so fröhlich. Und machen sich lustig über die Hausaufgaben.

Später ruft Lisa an: „Ich bin jetzt fertig! Aber ich hatte Probleme, ich konnte mich nicht richtig konzentrieren!" Tonio sagt: „Erstens: ich auch! Zweitens: ich auch!" Sie treffen sich an der Straßenkreuzung und gehen zum Bistro im Park. Dort kann man draußen sitzen. Sie reden kaum, aber sie schauen sich manchmal an. Dann sagt Tonio: „Du hast – so schöne schwarze Haare." Nach einer Pause sagt Lisa: „Und du hast – so schöne blonde Haare." Dann schweigen sie wieder und schauen sich manchmal an. Kurz vor dem Bistro bleibt Lisa stehen. Tonio bleibt auch stehen und schaut sie fragend an. Lisa greift in die linke Jeanstasche und zieht ihr Handy heraus, hält es in die Luft – und öffnet ihre Hand und lässt es fallen. Es fällt zu Boden, und der Deckel springt ab. Beide bücken sich gleichzeitig nach dem Handy, aber diesmal ganz, ganz langsam, und ihre Schultern und ihre Köpfe berühren sich leicht. Und Tonio setzt das Handy wieder zusammen und gibt es Lisa. Und sie stehen wieder auf, und beim Aufstehen greift Tonio nach der Hand von Lisa, und Lisa greift nach der Hand von Tonio. Und so gehen sie, Hand in Hand, in das Bistro im Park. An diesem schönen Frühlingstag.

Lösungen

EINHEIT 1

1a ihm – erzählt – ihr

1b heißt – intelligent – kann – mir – machen – helfen

1c alles – verlassen – vertraue

1d gehen – sind – liebsten – unterhalten

2a Zum Beispiel: alt/neu – billig/teuer – blöd/intelligent – dumm/intelligent – falsch/richtig – fantastisch/langweilig – feige/mutig – freundlich/ unfreundlich – früh/spät – gesund/krank – glücklich/unglücklich – groß/klein – gut/schlecht – interessant/langweilig – kurz/lang – langsam/schnell – laut/leise – langweilig/toll – leer/voll – leicht/schwer – praktisch/unpraktisch – pünktlich/unpünktlich – sauer/süß – schwach/stark – schwarz/weiß – unwichtig/wichtig

2b 1. leise – laut 2. interessant – langweilig 3. alt – billig 4. pünktlich 5. krank – gesund 6. richtig – falsch 7. stark 8. schwarz – weiß

3 2f – 3g – 4b – 5c – 6d – 7a

4a Nominativ: sie – wir – Akkusativ: mich – es – euch – Dativ: dir – ihm – ihr – uns – ihnen/Ihnen

4b 2. ihr 3. ihm 4. dir 5. euch – uns – mir – Ihnen

5 findet – komisch – dass – ihr – dass – mir – ziemlich – Streber – Wochen – dass – Hausaufgaben

6 2b – 3a – 4f – 5c – 6e – 7d

7 2. ..., dass Anna blöd (ist). 3. ..., dass er kein Streber (ist). 4. ..., dass Sandra arrogant (ist). 5. ..., dass Julian eigentlich ganz o. k. (ist). 6. ..., dass er Zeitungen (austrägt). 7. ..., dass die Klasse gut in Mathe (ist). 8. ..., dass klassische Musik total interessant (ist). 9. ..., dass sie zu wenig Geld (haben). 10. ..., dass die Kinder zu viel Geld (haben).

Wortschatz-Hitparade: Nomen

die Freundschaft, -en
der Frisör, -e
die Frisörin, -nen
die Frisur, -en
das Futter, –
das Gespräch, -e
das Kompliment, -e
die Meinung, -en
der Mensch, -en
die Natur Sg.
das Prozent, -e
die Radtour, -en
die Szene, -n
das T-Shirt, -s
der Wunsch, "-e

9 1. sportlich 2. feige/schwach 3. arrogant 4. dumm 5. ehrlich 6. böse 7. hilfsbereit

10 1. das Futter 2. die Frisörin 3. das Kompliment 4. der Mensch

EINHEIT 2

1 Ziel – Prospekten – Tagebuch – pünktlich – Personalausweis – Koffer – Zugfahrt – nachmittags – Brücke – Schuhe – Programm – Abfahrt – Ankunft – Stadtplan – Kirche – Universität – Haltestelle

2 helfen – komme – über – die – zum – geradeaus – durch – über – rechts – vorbei

3 a3 – b1 – c4 – d5 – e2 – f6

4 zum – zur – vorbei – über – durch – über – im – am

5a 2. Wir fahren morgen an den Rhein. 3. Im Urlaub fahre ich ans Meer. 4. Abends joggt mein Vater durch den Wald. 5. Kommst du mit ins Kino? 6. Gehen Sie hier durch den Park.

5b *zu* und *an ... vorbei* immer mit Dativ. – 1. zum 2. an der – vorbei

6a 1. laufen 2. stehen 3. gehen 4. fahren 5. sitzen

6b Zum Beispiel: 1. steht 2. joggt 3. sitzt 4. ist 5. fahren 6. geht

7 sitze – angekommen – gebraucht – waren – liegt – sieht ... aus – gegangen – gibt – sieht – gefahren – machen – fahren

8   Stunden – Stunden – Das – war – Wir – jeder – Wien-Fotos – von – Staatsoper – der – neben – dem – vor – im – weiter – sechs – alle – Rathaus – waren – und – und – nicht – Typisch – ist – spät – haben – ein – gemacht

Wortschatz-Hitparade: Nomen

die Abfahrt, -en die Kirche, -n
die Altstadt, ”-e die Kreuzung, -en
die Ankunft, “-e das Meer, -e
der Besuch, -e der Moment, -e
die Brücke, -n die Orientierung, -en
der Dom, -e der Personalausweis, -e
das Dorf, -”er der Plan, ”-e
die Fahrt, -en der Platz, ”-e
der Fluss, ”-e das Programm, -e
die Haltestelle, -n die Skizze, -n
Herbstferien Pl. der Stadtplan, ”-e
die Jugendherberge, -n das Ziel, -e

9   1 das Meer – 2 die Brücke – 3 der Fluss – 4 die Kirche/der Dom – 5 die Jugendherberge – 6 der Platz – 7 die Haltestelle – 8 die Kreuzung

10 hineingehen – weitergehen – zurückfahren – sich erinnern

EINHEIT 3

1   Liebe – lieber – Gestern – waren – Blick – wollen – fahren – Grüße

2   hat – Stunden – Dann – wir – die – gemacht – hat – aber – war – als – haben – Spaß – und – bisschen – Später – wir – Fotoladen – Fotos – und – ein – gesetzt – hat – die – angeschaut

3   1. …, dass Sabrina und Stefan blöd sind. 2. …, dass sie auf Mareike gewartet haben. 3. …, dass Sabrina und Stefan zusammen sein wollen. 4. …, dass Stefan sie mag und nicht Sabrina.

4   angeschaut – fotografiert – gehabt – gehört – gemacht – notiert – geordnet – geplant – gesammelt – gesucht

5   Regelmäßige Verben tun nicht weh, vorne *ge-* und hinten *-t*.
Bei Verben auf *-ieren* kann nichts passieren, ohne *ge-* und hinten *-t*.

6   1. haben – gemacht 2. haben – gewartet 3. haben fotografiert 4. Habt – geplant 5. hat – studiert 6. gespielt hat 7. gesammelt hat 8. diskutiert haben

7   1. Mein Vater hat Mathematik studiert. 2. Mein Bruder hat Latein gelernt. 3. Hast du „Eminem" gehört? 4. Wir haben im Urlaub fotografiert. 5. Sie haben eine Reise nach Wien geplant. 6. Ich habe samstags beim Bäcker gearbeitet.

8   1. Jugendgästehaus 2. Donau 3. Koffer 4. Flohmarkt 5. Tagebuch 6. Cafeteria 7. Melange 8. Semmel 9. Kirche 10. Rezeption

9   2d – 3i – 4g – 5e – 6h – 7a – 8b – 9f – 10c

10

ge…t	ge…en	…ge…t	…ge…en	ohne *ge-*
gewusst, gebracht	gesungen, gegeben, geschrieben, gesprochen, gelaufen, geblieben, gegangen, getrunken, gesessen, gefunden, gekommen, geflogen, geholfen, gewesen	nachgedacht, mitgebracht	vorgelesen, angekommen, abgeschrieben, aufgestanden, weggelaufen, wiedergekommen	begonnen, passiert, erzählt, bekommen

11b 2. Sabrina hat eine Postkarte geschrieben. 3. Mareike ist einfach weggelaufen. 4. Mareike ist nicht gekommen. 5. Wir haben einen Kaffee getrunken. 6. Stefan hat nicht nachgedacht. 7. Meine Eltern sind nach Brasilien geflogen. 8. Sie haben meine Tante besucht. 8. Sie sind gestern zurückgekommen. 10. Was haben sie in Brasilien gesehen? 11. Sie haben nicht viel erzählt. 12. Sie sind bei meiner Tante in Rio geblieben.

12 1. ist – aufgestanden 2. hat sie – gefrühstückt 3. hat sie – angerufen 4. hat – diktiert 5. ist – gefahren 6. hat – gehabt 7. hat – getroffen

13 fahren – Prater – mit – war – Ich – schon – ich – euch – zeigen – sie – Das – und – haben – echt – gefallen – hat – Zeit – sechs – sie – Bus – aber – ist – die – Richtung – Kurz – sieben – sie – Westbahnhof – hat – Gruppe – Aber – war – Sie – Jugendhotel – Stefan – Telefon – dass – passiert

Wortschatz-Hitparade: Nomen

die Bank, "-e/-en	die Möglichkeit, -en
die Bewegung, -en	die Polizei Sg.
der Blick, -e	das Rathaus, -"er
das Café, -s	die Ruhe Sg.
der Flohmarkt, "-e	die Richtung, -en
der Ingenieur, -e	der Spaziergang, "-e
die Ingenieurin, -nen	das Stichwort, -e/"-er
der Mist Sg.	die Unterschrift, -en
der Mittag, -e	der Vormittag, -e

14 1. anschauen 2. frühstücke 3. hält 4. verpasst 5. helfen 6. umsteigen 7. reservieren 8. geschrieben 9. gehe 10. packen 11. dusche

EINHEIT 4

1 2. Sandra meint, dass Kartenspielen besser ist als Fernsehen. 3. Tom sagt, dass er nicht gern fernsieht. 4. Mareike glaubt, dass sie Stefan liebt. 5. Toms Mutter meint, dass Tom zu viel fernsieht. 6. Sandras Vater findet, dass sie zu viel mit dem Handy telefoniert. 7. Corinna erzählt, dass sie ihre Freundinnen immer am Kiosk trifft. 8. Herr Schmidt erzählt, dass er die Mathearbeit nicht gefunden hat. 9. Anna sagt, dass sie gern in Jena gelebt hat. 10. Sandra erzählt, dass sie am Anfang Anna nicht gemocht haben.

2 1. mein Handy 2. wichtig sind 3. der ist sehr teuer 4. kann ich immer Musik hören 5. sind langweilig

3 1. …, aber ich darf nur eine Stunde am Tag spielen. 2. …, aber sie hat wenig Zeit. 3. …, aber er macht auch viel Sport. 4. …, aber ich verdiene Geld im Supermarkt. 5. …, aber er ist total nett.

4b 2. Trend 3. praktisch 4. gegen 5. Experte/Expertin 6. Bücherei 7. Abenteuerliteratur 8. beliebt 9. Figur 10. Industrie 11. Melodien 12. erreicht 13. ersetzt 14. Markt

5 gut, besser, – lang, länger – viel, mehr, – groß, größer – gern, lieber – („schnell" und „klein" sind regelmäßig)

6 2. Sibylle ist nicht so groß wie Tanja. 3. Sibylle ist größer als Karin. 4. Fernsehen ist genauso schön wie Kino. 5. Fernsehen ist nicht so schön wie Lesen. 6. Fernsehen ist schöner als Arbeiten. 7. Ein Computer kostet genauso viel wie ein Laptop. 8. Ein Computer kostet nicht so viel wie ein Auto. 9. Ein Computer kostet mehr als ein Handy. 11. Ich lese nicht so gern, wie ich Musik höre. 12. Ich lese lieber, als ich Musik höre.

7 ich – Nur – hatten – Wir – nicht – sprechen – viel – heute – hatten – Ich – gerne – Abend – ich – Wir – weniger – heute – Musik – Hause – Problem – Musik – hören – wir – Manchmal – auch – gehen – toll – keinen – kein – hatten – Comics – keine – aber – unserer – viele – oder

8 1. Früher habe ich viele Briefe geschrieben. 2. Als Kind hat er gerne Lego gespielt. 3. Früher haben sie nicht so oft telefoniert. 4. Letztes Jahr sind wir in den Ferien nach Polen gefahren. 5. Seid ihr gestern ins Kino gegangen? 6. Hast du mich vorgestern angerufen?

9/10a

Die Tabellen findest du im Kursbuch auf Seite 103/11.

10b wollte – konnte – war – hatte – wollte – hatte – wollte – durfte – war – wollte – waren – hatten – mussten – konnten – durfte

Wortschatz-Hitparade: Nomen

das Abenteuer, –
der Brieffreund, -e
die Brieffreundin, -nen
die Bücherei, -en
die Chance, -n
der Experte, -n
die Expertin, -nen
die Fantasie, -n
die Figur, -en
die Geschichte, -n
die Industrie, -n
der Kontakt, -e
die Liste, -n
die Literatur, -en
der Markt, "-e
die Melodie, -n
die Nachricht, -en
der Nachteil, -e
der PC, -s
die Ratte, -n
der Schulhof, "-e
der Spielfilm, -e
der Spinat Sg.
das Symbol, -e
der Trend, -s
der Vorteil, -e
die Welt, -en

11 der Bildschirm – der PC / der Rechner – die Maus – die Tastatur – der Drucker

12 1. erlaubt 2. verdienen 3. vergleichen 4. billiger 5. erreicht 6. spannend

EINHEIT 5

Text 1, Basel: f, g – Text 2, Berlin: b, c, d, e – Text 3, Salzburg: a, h

EINHEIT 6

1 1. sitzen – aber – trainieren – viel – mich – dass – meinen – weil – viele – finde – gegen – spielen – unser – gewinnt
2. mag – nicht – habe – gefährlich – müssen – verletzt – keine – lieber – lese
3. Sport – Tennis – Woche – Training – Figur – Tennisprofi – Geld

2
[8] Beim ersten Mal bekommt man
[3] ist nicht wichtig und
[6] Hauptsache, man macht Sport und schafft
[1] In Deutschland machen viele
[4] es ist auch nicht so wichtig, wer am schnellsten läuft
[7] eine bestimmte Mindestleistung.
[10] Wenn man zum dritten Mal mitgemacht hat,
[2] Menschen das Sportabzeichen. Das Alter
[5] oder am höchsten springt.
[9] eine Medaille in Bronze, beim zweiten Mal in Silber.
[11] bekommt man eine Goldmedaille.

3 1. längste 2. berühmteste 3. höchste 4. kleinste 5. schönste 6. teuerste 7. schnellste

4

Sport: der Sport, das Weitspringen Sg. / das Hochspringen Sg. / Volleyball Sg. / Handball Sg. / Karate / Rugby / der Weltrekord, -e / der Sportplatz, "-e / die Sportart, -en / die Medaille, -n / die Urkunde, -n / der Rekord, -e / gefährlich / Silber / verletzen/ springen/skaten/turnen/werfen/ rennen/laufen / Rad fahren (das Radfahren)

Körper: der Körper, – / der Körperteil, -e / die Schulter, -n / der Rücken, – / der Zahn, "-e / die Nase, -n / der Mund, – / der Kopf, "-e / das Knie, – / der Hals, "-e / das Ohr, -en / Hand, "-e

Krankheit: die Schmerzen, die Kopfschmerzen Pl. / die Halsschmerzen Pl. / der Schnupfen / das Kopfweh Sg. / der Husten Sg. / krank, verletzen

5 Ich bin krank. Ich bin fit. Ich bin erkältet. – Mein Hals tut weh. Mein Bauch tut weh. Mein Rücken tut weh. – Ich habe Bauchweh. Ich habe Halsschmerzen. Ich habe Kopfweh. Ich habe Ohrenschmerzen. – Meine Beine tun weh. Meine Ohren tun weh. Meine Füße tun weh. Meine Arme tun weh.

6a b) bin – erkältet c) hat – aufgepasst d) war e) habe – gehabt f) wird g) kennen h) kennen

6b 2. …, weil ich (erkältet) (bin). 3. …, weil er beim Turnen nicht (aufgepasst) (hat). 4. …, weil ich gestern nicht in der Schule (war). 5. …, dass ich Fieber (gehabt) (habe). 6. …, dass der Mathetest schwer (wird). 7. …, weil wir ihn schon (kennen). 8. …, dass wir ihn schon (kennen).

Wortschatz-Hitparade: Nomen

das Alter Sg.
der Arm, -e
das Auge, -n
der Bauch, "-e
Bauchschmerzen Pl.
das Bein, -e
die Brust, "-e
der Daumen, –
das Ergebnis, -e
die Erkältung, -en
der Finger, –
der Fuß, "-e
das Gesicht, -er
die Grippe Sg.
das Haar, -e
der Hals, "-e
Halsschmerzen Pl.

die Hand, "-e
der Husten Sg.
das Knie, –
der Kopf, "-e
Kopfschmerzen Pl.
das Kopfweh Sg.
der Körper, –
der Körperteil, -e
der Mund, "-er
die Nase, -n
das Ohr, -en
der Punkt, -e
der Rücken, –
der Schnupfen Sg.
die Schulter, -n
die Sportart, -en
der Zahn, "-e

7 1. beantworten 2. gewinnen 3. laufen/rennen 4. ruhe … aus 5. wählen 6. legt 7. organisieren 8. mitmachen

8 krank/erkältet – elegant – verschieden – fit – gefährlich

EINHEIT 7

1 Herbie: überhaupt – Seine – legt – die – hin – zieht – mag – Sachen – Jeans – Größe – Die – ist – egal – liebsten – Moment – dunkle – Sehr – hat – eine – die – passt – sind – Schuhe – findet – gut
Alexa: mag – sonnige – Sie – oft – ihrer – Ilona – nicht – Meistens – sie – Kaufhaus – neue – Später – sie – mit – Mutter – sie – die – manchmal – kann – Kleider – machen – Beispiel – Das – billiger – gibt – ein – Stress

2 Zum Beispiel: allein/gemeinsam – altmodisch/modern – beliebt/unbeliebt – dick/dünn – dumm/klug – dunkel/hell – ehrlich/unehrlich – elegant/sportlich – eng/weit – falsch/richtig – feige/mutig – fern/nah – fröhlich/traurig – gesund/krank – gleich/verschieden – häufig/selten – hoch/niedrig – kalt/warm – laut/leise – (salzig/süß) – treu/untreu – unsportlich/sportlich – viel/wenig

3 2. b/g/h – 3. a/e/f/l – 4. f/g/h/i/j

4 1. Jeans – Sweatshirt – Schuhe – Sonnenbrille – Schal – Mütze 2. Hosenanzug – Kleid 3. Anzug – Hemd – Krawatte – Hose – 4. Bikini

5

	der Schal	das Hemd	die Jacke	die Schuhe (Plural)
Nominativ	der rote Schal (k)ein roter Schal mein roter Schal	das rote Hemd (k)ein rotes Hemd mein rotes Hemd	die rote Jacke (k)eine rote Jacke meine rote Jacke	die roten Schuhe – rote Schuhe keine roten Schuhe meine roten Schuhe
Akkusativ	den roten Schal (k)einen roten Schal meinen roten Schal			

6 2. schöne 3. neues – rote 4. schwarzen 5. neue 6. schnelleren 7. altes 8. jungen

7 ganze – dicke – breite – eleganter – hässliche – großen – schwarzen – schönen

8 **Tina** trägt schwere Schuhe, einen langen Rock und eine große Brille. Sie hat lange Haare und trägt einen dicken Pullover.
Timo trägt eine kleine Brille, eine kurze Hose und ein gestreiftes Hemd. Er hat kurze Haare und trägt eine teure Uhr.

9 Beispiel (die Endungen müssen wie in diesem Beispiel sein): Letzte Nacht hatte ich einen seltsam**en** Traum: Ich gehe im Wald spazieren. Über mir ein bunt**er** Vogel. Als ich ihm nachsehe, kommt ein klein**es** Reh zwischen den groß**en** Bäumen hervor und schaut mich aus braun**en** Augen an. Plötzlich steht der böse Wolf vor mir. Er hat ein grau**es** Fell und einen lang**en** Schwanz. Er öffnete sein riesig**es** Maul und ich kann seine dicke Zunge und sein gefährlich**es** Gebiss sehen. Hinter ihm steht das liebe Rotkäppchen. Es trägt ein grün**es** Kleid und natürlich die rote Mütze. „Rotkäppchen", sage ich, da läuft es schnell in den tief**en** Wald. Im gleichen Moment springt der böse Wolf mit einem groß**en** Satz auf mich zu. Ich falle hin, er reißt sein riesig**es** Maul auf und … da bin ich aufgewacht.

Wortschatz-Hitparade: Nomen

die Bluse, -n
die Brille, -n
die Farbe, -n
der Geschmack Sg.
die Größe, -n
die Hose, -n
der Hut, ¨-e
der Manager, –
die Managerin, -nen
der Mantel, ¨ –
die Mode, -n
die Mütze, -n
der Pullover, –
der Rock, ¨-e
die Jacke, -n
das Kleid, -er
die Kleidung Sg.
das Kleidungsstück, -e
die Kommode, -n
die Krawatte, -n
die Lieblingsfarbe, -n
der Schal, -s
die Schublade, -n
die Situation, -en
der Skandal, -e
der Sportschuh, -e
der Stiefel, –

10 2. die Krawatte 3. die Bluse 4. bunt 5. grau 6. berichten

11 altmodisch/unmodern – tot – einfarbig – warm – sonnig – eng – dunkel – altmodisch/unmodern – bequem – natürlich

EINHEIT 8

1 Waagrecht: 2. Käse 4. Apfel 8. Wurstbrötchen 9. Restaurant 11. Mineralwasser 13. Gemüse 15. Filialen 17. Chips 19. Bratwurst
Senkrecht: 1. fett 2. Kartoffel 3. Kiwi 5. Obst 6. Brokkoli 7. Möhre 10. Torte 12. Schnitzel 14. scharf 16. Imbiss 18. salzig

2 ~~selten~~ oft – ~~keine~~ viele – ~~oft~~ selten – ~~Weißwurst~~ Bratwurst – ~~Döner~~ Schnitzel – ~~indische~~ türkische

3 ein – trinkt – Tasse – weil – Uhr – der – sein – Seine – hat – Zeit – ein – und – einen – und – Orangensaft – isst – zwei – mit – und – und – Bruder – manchmal – Teller – Zum – sind – Kinder – Hause – gibt – mit – oder – Suppe – Eltern – der – Das – ist – kalt – gibt – auch – grünen – mit – Sonntagnachmittag – oft – und – Meistens – Frau – den – schon – Samstag

4 1. g/j (b/f) – 2. e/i – 3. c/h – 4. b/f (e/i) – 5. a/d

5

Personalpronomen								
Nominativ	ich	du	er	es	sie	wir	ihr	sie/Sie
Akkusativ	mich	dich	ihn	es	sie	uns	euch	sie/Sie
Dativ	mir	dir	ihm	ihm	ihr	uns	euch	ihn/Ihnen

siebenundachtzig

Possessivartikel (Singular)								
Nominativ m/n	mein	dein	sein	sein	ihr	unser	euer	ihr/Ihr
f	meine	deine	seine	seine	ihre	unsere	eure	ihre/Ihre
Akkusativ m	meinen	deinen	seinen	seinen	ihren	unseren	euren	ihren/Ihren
n	mein	dein	sein	sein	ihr	unser	euer	ihr/Ihr
f	meine	deine	seine	seine	ihre	unsere	eure	ihre/Ihre
Dativ m/n	meinem	deinem	seinem	seinem	ihrem	unserem	eurem	ihrem/Ihrem
f	meiner	deiner	seiner	seiner	ihrer	unserer	eurer	ihrer/Ihrer

6   2. Opa ... Oma 3. Großeltern/Freundin
4. Großeltern/Freunden 5. Freundin
6. Mathelehrer

7   1. meinem 2. deine 3. seinen 4. euren
5. unseren 6. deiner

8a   1. Von/Bei meiner 2. mit/zu einem 3. bei/mit
ihrer 4. Nach einem 5. Seit einem 6. Aus/Mit
einer 7. Zu einem – mit einem

8b   Die Endung ist immer -(e)n.

9   1. Salat ... Katastrophe / Blödsinn ... Käse
2. Keks / Nerven 3. wurst ... egal
Sprechblasen: Tomaten ... aufpassen

Wortschatz-Hitparade: Nomen

der Apfel, "-
die Bratkartoffel, -n
der Brokkoli, -
die Dame, -n
der Deutschlehrer, -
die Deutschlehrerin, -nen
die Ernährung Sg.
die Firma, Firmen
die Frucht, "-e
das Gemüse, -
der Imbiss, -e
die Jugend Sg.
die Kantine, -n
die Karotte, -n
die Kartoffel, -n
der Käse, -
die Katastrophe, -n
der Keks, -e

das Lieblingsessen, -
die Marmelade, -n
das Mineralwasser, -
die Möhre, -n
die Nation, -en
das Obst Sg.
das Restaurant, -s
die Sahne Sg.
der Salat, -e
das Schnitzel, -
der Sonntagnach-
    mittag, -e
die Speise, -n
das Stück, -/-e
die Tasse, -n
der Teller, -
die Tomate, -n
die Torte, -n

die Kiwi, -s
die Kuh, "-e
das Lebensmittel, –

die Umfrage, -n
das Weißbrot, -e
der Witz, -e

EINHEIT 9

1 Das war ein verrückter Abend. Zuerst ging es mir schlecht, weil ich um 7 Uhr noch Lebensmittel einkaufen gehen musste. Immer muss ich einkaufen gehen und meine Schwester fast nie!!! Natürlich war ich dann erst um acht bei Miriams Party. Ich wollte so gern mit Miriam zusammen sein. Aber sie hat sich nur mit Bernd unterhalten. Ich war echt sauer auf sie. Ich hatte schlechte Laune und wollte nach Hause gehen. Plötzlich war Rhea da und hat gesagt, dass sie mitkommt. Rhea und ich sind dann zusammen ins Kino gegangen und wir haben uns richtig gut unterhalten. Die ist total lieb.

2 1. klar – spät – aufpassen 2. Super – tanzt – dir
3. los – blöde – Finde – Hause – auch

3 2. gut drauf 3. wütend 4. total 5. keine Laune
6. egal 7. alles los 8. alles gut

4 1. Mir (geht) es gut, wenn die Sonne (scheint). 2. Wenn ich (aufräumen muss), (dann) (bin) ich sauer. 3. Ich (bin) traurig, wenn Monika mit Markus (tanzt). 4. Wenn Peter eine Fünf in Mathe (schreibt), (dann) (ist) er wütend. 5. Herr Schmidt (hat) schlechte Laune, wenn die Schüler keine Hausaufgaben (machen). 6. Kati (geht) es gut, wenn sie eine Torte von ihrer Oma (bekommt). 7. Wenn Kati die Torte allein (isst), (dann) (geht) es ihr schlecht. 8. Wenn wir das Fußballturnier (gewinnen), (dann) (feiern) wir. 9. Rhea (kommt mit), wenn ich ins Kino (gehe).

5 dass – weil – dass – weil – dass – weil – weil – dass – dass – weil – weil – dass – weil

6 2. Weil ich nicht musikalisch bin, spiele ich kein Instrument. 3. Ich finde, dass die Englischlehrerin zu viele Hausaufgaben gibt. 4. Wenn Paul sein Taschengeld bekommt, dann kauft er seine „Bravo". 5. Weil Silke kein Geld hat, kann sie den Rock nicht kaufen. 6. Es ist schön, dass wir nächste Woche Ferien haben. 7. Wenn meine Schwester Zeit hat, hilft sie mir beim Deutschlernen.

7a 2. Mach sofort das Fenster zu. 3. Warum lässt du immer die Tür offen stehen? 4. Mach schnell, der Bus fährt gleich ab. 5. Du musst mehr Sport machen. 6. Warum hast du die Hausaufgaben nicht gemacht? 7. Kannst du nicht dein Zimmer aufräumen? 8. Du hast vor zwei Wochen zehn Euro von mir geliehen! 9. Ihr kommt immer zu spät zum Essen!

7b 1c – 2e – 3d – 4a – 5b – 6f – 7h – 8i – 9g

Wortschatz-Hitparade: Nomen

die Auflösung, -en
das Gefühl, -e
der Idiot, -en
die Idiotin, -nen
der Konflikt, -e
die Kritik, -en
die Laune, -n
der Sinn *hier* Sg.
der Sonnenschein Sg.
das Taschengeld, -er
die Überraschung, -en
der Wecker, –

8 1. Gefühl 2. Kritik 3. Ärger 4. Laune – Konflikt – Taschengeld 5. Wecker

9 1. zurückgeben 2. wechseln 3. verabredet 4. entschuldigen

EINHEIT 10

1b: Wir finden es super. 2a: … ins Kino? 2c: … auf dem Stephansdom? 3c: Ich bin … hingefallen. 4a: … größer … 4c: … wie Englisch. 5b: … weil ich zum Arzt muss. 6b: … mit dein**em** … 6c: … mit unseren … 7b: …wenn ihr ins Schwimmbad geht. 7c: … wenn du so etwas sagst.

EINHEIT 11

1 1. hungrig 2. Genie – deshalb 3. Büro 4. Verdacht – Rätsel 5. Fall – Täter – Spur 6. Besucher 7. herausfinden 8. verliebt 9. Münzen – wertvoll 10. Zeitungsbericht – vorgestern 11. halbtags 12. zurückgeben 13. vermuten 14. abwischen 15. Schultasche 16. auspacken 17. wünsche 18. vorgeschlagen

2a hat angefangen – hat bekommen – hat beschrieben – hat gebeten – ist gegangen – hat gewonnen – hat gehalten – hat geholfen – ist gelaufen – hat gelegen – hat nachgedacht – ist gerannt – hat geschrieben – hat stattgefunden – hat gestanden – hat getragen – ist umgestiegen – hat verglichen – hat verloren – hat vorgeschlagen – hat weggenommen – hat zurückgebracht

2b reserviert – fotografiert – kontrolliert

2c 2. habe – verabredet 3. hat – geholfen 4. habe – beschrieben 5. bin – gegangen 6. hat – weggenommen 7. ist – gegangen 8. hat – verdient 9. hat – erlaubt 10. habe – getragen

3 1. wollte – konnte 2. putzte – fragte 3. durfte – erlaubten 4. kaufte 5. schickte

4a fing an – bekam – beschrieb – bat – ging – gewann – hielt – half – lief – lag – dachte nach – rannte – schrieb – fand statt – stand – trug – stieg um – verglich – verlor – schlug vor – nahm weg – brachte zurück

4b hieß – war – hatte – benahm – kam – machte – sah – ging – las – waren – ging – sprach – gab – hatte – ging – sprach – wollte – wusste – war – lagen – waren – konnte

5 seiner – fand – Polizei – wertvolle – aus – Stadtmuseum – Mann – Schulden – wollte – sein – Fahrrad – Die – berichtete – der – von – 13-jährigen – kam

6 dachte nach – war – kam – wollte – las – ist ... eingeschlafen – klingelte – musste – weggelaufen bin – hatte – habe ... bekommen – habe ... gemacht – gezeigt – wollte – habe ... gekauft

Wortschatz-Hitparade: Nomen

der Besucher, –
die Besucherin, -nen
das Büro, -s
die Bushaltestelle, -n
die Ecke, -n
der Fall, ¨-e
das Genie, -s
der Journalist, -en
die Journalistin, -nen
das Rätsel, –
der Klub, -s

die Münze, -n
der Rhythmus, Rhythmen
die Schultasche, -n
die Spur, -en
der Täter, –
die Täterin, -nen
das Telefonat, -e
der Verdacht Sg.
die Wiederholung, -en
der Zeitungsbericht, -e

7 1. abwischen 2. putzen 3. rechnen 4. aufsetzen 5. auspacken 7. pfeifen 8. einschlafen

8 Waagrecht: 1. Schultasche 3. Bushaltestelle 4. Büro 5. Rhythmus 6. Journalistin 7. Münze 8. Wiederholung – Senkrecht: 2. Telefonat 4. Besucher 5. Rätsel

EINHEIT 12

1 in – hinter – In – neben – in – vor – auf – Auf – auf – an – mit – auf – Vor – An – gegenüber – mit – am – Vor – an – Auf – In – an

2 1. steht – Schreibtisch – Wand 2. Boden liegt 3. Wänden hängen – Decke hängt 4. Boden – Computertisch

3a 1. auf 2. zwischen 3. unter 4. auf 5. in 6. in 7. hinter 8. vor 9. neben

3b 2 stehen • 3. verstecken • – laufen →
4. springen → 5. sitzen • – springen →
6. liegen • 7. laufen → 8. setzen →

3c 1. auf dem – von dem 2. zwischen dem – dem 3. unter dem – hinter den 4. auf den 5. im – auf den 6. in der 7. hinter den 8. vor den

4 1. • Mein Bett steht an der Wand. 2. → Ich will mein Bett unter das Fenster stellen. 3. • Der Schreibtisch steht neben der Tür. 4. → Ich will den Schreibtisch neben das Bett stellen. 5. • Meine Poster hängen an der Wand. 6. → Ich will die Bilder an die Wand hängen. 7. • Der blaue Teppich liegt auf dem Boden. 8. → Ich will einen grünen Teppich auf den Boden legen. 9. • Mein Computer steht auf meinem Schreibtisch. 10. → Ich will den Computer unter den Schreibtisch stellen.

5a Von AUSBEIMIT NACH VONSEITZU fährst immer mit dem Dativ du.

5b 2. bei deinen 3. Nach dem 4. Mit so einem 5. von meinem 6. Seit ich meiner 7. zu meiner

6a 2a – 3e – 4b – 5c

6b 2. Ich habe ein großes Zimmer. Ich muss es / das Zimmer jede Woche aufräumen und putzen. 3. Alexa wohnt in einer Mietwohnung. Sie / Die Mietwohnung hat einen Balkon zum Hof. 4. Elins Fachwerkhaus ist sehr gemütlich. Ihr Vater hat es / das Fachwerkhaus renoviert. 5. Mein Bruder hat einen Fotoapparat. Ich darf ihn / den Fotoapparat manchmal auch verwenden.

7 2. Mein Onkel wohnt in einem Bauernhof, den er selbst renoviert hat. 3. Ist die Katze, die du jetzt hast, lieb? 4. Ich habe bei eBay einen Computer gefunden, der nur 100 Euro gekostet hat. 5. Einstein, der Olli sehr mag, macht sich Sorgen um ihn. 6. Wie gefällt dir der rote Schal, den Miri mir geschenkt hat? 7. Die Bluse, dich ich mir gekauft habe, habe ich heute zurückgebracht. 8. Die Reise nach Wien, die wir letztes Jahr gemacht haben, war super.

8 2. das Bauernhaus 3. der Altbau 4. die Miete 5. die Küche 6. der Balkon 7. der Schreibtischstuhl 8. die Nachbarn

Wortschatz-Hitparade: Nomen

das Bad, "-er
der Balkon, -e
das Chaos Sg.
der Flur, -e
die Hauptstraße, -n
der Hausbesitzer, –
die Hausbesitzerin, -nen
das Hochhaus, "-er
der Hof, "-e
der Keller, –
das Kinderzimmer, –
die Küche, -n
die Matratze, -n
die Miete, -n
das Möbelstück, -e
der Platz Sg.
der Quadratmeter, –
das Regal, -e
das Schlafzimmer, –
der Schrank, "-e
der Schreibtisch, -e
der Sessel, –
der Stock, Stockwerke
der Student, -en
die Studentin, -nen
die Tapete, -n
die Wohnung, -en

10 Zum Beispiel: 1. an der Wand 2. Auf dem Boden 3. Vor dem Fenster 4. Auf dem Boden 5. Neben der Tür 6. zwischen dem Schreibtisch und dem Sessel / am Fenster

EINHEIT 13

1 dass – Monat – sind – gern – Jugendlichen – meint – arbeitet – verdient – dazu – keine – dem – ins – bezahlen – Für – zahlen – Deshalb – das – das – seinen – ihren – Euro – gute – sie – Deshalb – Taschengeld – Vater – seit – Das – sie – Eltern – wenig – sie – Bruder – einem – sauber – Da – Euro

2 1. Taschengeld – Extras – Wochenende – Oma – wenig – bekommt 2. viel – zahlen – glaube – Geld – Tag – Zimmer

3a 2. …, deshalb bekommt er Nachhilfe. 3. …, deshalb (bekommt) sie kein Taschengeld. 4. …, deshalb (muss) Peter im Haushalt helfen. 5. …, deshalb (sind) sie immer pleite. 6. …, deshalb (helfe) ich meiner Oma und (bekomme) dafür Geld. 7. …, deshalb (habe) ich kein Handy mehr. 8. …, deshalb (gehen) wir immer montags ins Kino.

3b 2. Erich bekommt Nachhilfe, weil er schlecht in der Schule (ist). 3. Kerstin bekommt kein Taschengeld, weil ihre Eltern nicht gut (verdienen). 4. Peter muss im Haushalt helfen, weil seine Mutter den ganzen Tag (arbeitet). 5. Viele Jugendliche sind immer pleite, weil sie zu viel (telefonieren). 6. Ich helfe meiner Oma und bekomme dafür Geld, weil man mit 13 offiziell noch nicht arbeiten (darf). 7. Ich habe kein Handy mehr, weil Handykarten sehr teuer (sind). 8. Wir gehen immer montags ins Kino, weil Kino am Montag billiger (ist).

4 2. Kerstin braucht viel weniger Geld, wenn sie mal einen Monat keine Handykarte (kauft). 3. Rolf muss Geld verdienen, weil er ein teures Hobby (hat). 4. Dieter spart sein Taschengeld, weil er seinen Freund in den USA (besuchen) (will). 5. Tina benutzt ihr Handy nur dann, wenn ihre Oma eine Handykarte (bezahlt). 6. Ricke ist schlecht in der Schule, weil sie keine Lust zum Lernen (hat). 7. Britta weiß schon jetzt, dass sie nach der Schule eine Schreinerlehre (macht).

5 2. Für wen malst du ein Bild? – Für meinen Freund. 3. Wofür lernst du? – Für den/einen Deutschtest. 4. Für wen schreibst du das Gedicht? – Für meine Mutter. 5. Wofür trainierst du? – Für den Schulsporttag. 6. Für wen trägst du Zeitungen aus? – Für die Firma Klein. 7. Wofür brauchst du das Lineal? – Für Mathe. 8. Wofür liest du den Text? – Für den Deutschunterricht.

6 2. Die Ferien beginnen am 31. Juli. 3. Nach der Schule mache ich gleich die Hausaufgaben. 4. Samstags sehe ich bis/nach/um Mitternacht fern. 5. Bis/Seit 2005 wohnen wir in Pisa. 6. Peter trägt samstags von 10 bis 12 Zeitungen aus. 7. Ilona macht am Samstag eine Geburtstagsparty. 8. Die Party fängt nach/vor/um 19 Uhr an. 9. Nach/Vor der Party treffe ich meinen Freund. 10. Am Sonntag spiele ich immer Tennis.

7 Hausaufgaben – Wetter – Wochenende – grünen – Als – die – aufmacht – sie – etwas – ist – Vater – Küchentisch – schaut – wütend – Bevor – etwas – kann – und – ihr – Brief – die – Was – dir – Bist – wahnsinnig – Schau – das – Deine – und – wir – uns – ganzen – dich – unsere – hat – Besseres – tun – mit – und – Welt – telefonieren – Telefonate – kannst – mir – erklären – Die – Sie – Gesicht – sie – die –

L

schaut – vom – zum – Ihr – ist – denn – kann – Geld – drucken – Das – mehr – ein – Jahr – Wie – das

8a 1d – 2e – 3c – 4b – 5a

Wortschatz-Hitparade: Nomen

die Belohnung, -en
der Betrag, ̈-e
der Einkauf, ̈-e
die Eisdiele, -n
die Fahrt, -en
das Feuer, –
der Freitagabend, -e
das Geschäft, -e
der Gott, ̈-er
die Göttin, -nen
der Haushalt, -e
die Jugendzeitschrift, -en
die Kinokarte, -n
die Konsequenz, -en
das Konto, Konten
der Kredit, -e
der Papa, -s
die Preisliste, -n
der Schulbus, -se
das Schuljahr, -e
Schulsachen Pl.
Sommerferien Pl.
die Strafe, -n
der Supermarkt, ̈-e
die Süßigkeit, -en
die Telefonrechnung, -en
die Zeitungsanzeige, -n

9 1. sparen 2. bezahlen 3. regt ... auf 4. beruhige – bin ... pleite 5. drucken 6. sauber machen

10 die Zeitungsanzeige – der Schulbus – die Schulsachen Pl. – der Kredit – die Sommerferien Pl. – die Telefonrechnung – das Geschäft – die Jugendzeitschrift – der Haushalt – das Schuljahr – die Kinokarte – die Süßigkeit – das Konto – der Supermarkt

EINHEIT 14

1 Anna-Maria: Frühstück – abends – Brot – Teller – aufgefallen – dicke – Sommer – Zimmern
Iwan: Grün – Natur – freundlich – privat – interessant – Ausländer – gedacht – Sprachen
Osgün: Schulhof – normal – streng – Eltern – Jugendliche – früher – finde – Wetter – kalt

2 jemand/niemand – etwas/nichts – alle/viele/einige

3 1. Kennt jemand die Telefonnummer vom Sekretariat? 2. Kannst du mir etwas Brot geben? 3. Manche Freunde von mir sprechen drei Sprachen. 4. Manche kommen auch in Deutschland unpünktlich zu Einladungen. 5. Ich habe morgen etwas Zeit. Kommst du mit ins Schwimmbad? 6. Viele Deutsche essen abends kalt.

4 der – kann – Menschen – und – die – Sprachen – gibt – Sorten – Aber – essen – Deutschen – einmal – Tag – die – ist – Man – früh – Die – fängt – schon – Uhr – sogar – Niemand – aufstehen – der – kommt – einigen – gibt – eine – gehen – Schüler – der – hin – man – essen – trinken – Dafür – man – bezahlen – Uhr – die – meistens – Ende – kann – Deutschland – von – Stadt – Aber – muss – Reisen – eine – mitnehmen – Morgen – die – scheinen

5 Waagrecht: 4. reisen 7. probieren 10. Schulschluss 14. Kultur 15. Pünktlichkeit 19. Schuluniform
Senkrecht: 1. lecker 2. Missverständnis 3. König 5. Verein 6. fremd 8. beeilen 9. Gast 11. Straßenbahn (STRASSENBAHN) 12. streng 13. Ausländerin 16. tauschen 17. Verkehr 18. Ampel

6 Wissen Sie, wo das Rathaus ist? – Können Sie mir erklären, wie ich zum Bus komme? – Haben Sie verstanden, wann der Zug fährt? – Hast du eine Ahnung, wo Herr Schmidt ist? – Weißt du, wo Mozart gelebt hat? – Kannst du mir erklären, was ein Nebensatz ist? – Hast du verstanden, warum der Computer nicht funktioniert? – Ich frage mich, wer die Matheaufgabe versteht. – Ich möchte gerne wissen, welche Deutschnote ich bekomme. – Peter hat gefragt, was die Hauptstadt von Österreich ist. – Susanne fragt sich, wer jetzt die Freundin von Peter ist. – Wir fragen uns, warum wir so viel lernen müssen. – Wir möchten gerne wissen, wann wir nach Hause dürfen. – Ich hätte gerne gewusst, wie viel dein Handy gekostet hat.

7 1. kalt – Grad 2. scheint 3. kalt – minus 4. regnet 5. warm 6. schneit

Wortschatz-Hitparade: Nomen

der Atlas, Atlanten
der Ausländer, –
die Ausländerin, -nen
der Austauschschüler, –
die Austausch-
    schülerin, -nen
die Beobachtung, -en
das Bundesland, "-er
der Eindruck, "-e
der Gast, "-e
das Gebäude, –
der Grad, –/-e
die Jahreszeit, -en
das Klo, -s
der König, -e
die Königin, -nen
die Kultur, -en
das Missverständnis,
    -se
das Projekt, -e
die Pünktlichkeit Sg.
der Schulschluss Sg.
die Schuluniform, -en
die Straßenbahn, -en
der Verein, -e
der Verkehr Sg.
die Vermutung, -en
die Wetterkarte, -n

8   1. Bundesländer 2. Atlas 3. Straßenbahn
    4. Ampel 5. lecker 6. probieren 7. Königin
    8. Jahreszeit 9. streng 10. windig 11. Verein
    12. beeilen – Pünktlichkeit

Quellen:

S. 4, v.o.n.u.: T. Scherling, V. Daly, M. Koenig, H. Funk
S. 10, o.: R. Freyer; M. u. u.: H. Funk
S. 13, o.: L. Rohrmann; u.: V. Daly
S. 18: V. Daly
S. 24: P. Kunzler, U. Koithan
S. 25: L. Rohrmann
S. 28/29, a) Corel; b) L. Rohrmann; c) Land Berlin (Thie); d) Partner für Berlin / FTB Werbefotografie; e), f) L. Rohrmann; g) IFA Bilderteam; h) H. Funk
S. 30, Marco: H. Funk; Klaus, Steffi: V. Daly
S. 31, o., u.: L. Rohrmann, M.: T. Scherling
S. 36: V. Daly
Zeichnungen S. 36, 39, 63: Nikola Lainović
S. 38: V. Daly
S. 42, o.: L. Rohrmann, M. Koenig; u.: M. Koenig, L. Rohrmann
S. 43, o.: L. Rohrmann; u.: V. Daly
S. 48: o.: L. Rohrmann; u.: A. Sulzer
S. 54: L. Rohrmann
S. 55, 1.) H. Funk; 2.) M. Sturm; 3.) V. Daly; 4.) T. Scherling; 5.) S. Bennett; 6.), 8.) M. Koenig; 7.) Scuola Media Castione (Tessin); 9.) A. Sulzer
S. 62: M. Koenig
S. 68, 71, 74: V. Daly
S. 77: L. Rohrmann